大英儿童百科全书

The Young Children's Encyclopedia

不列颠百科出品

11
N-O

图书在版编目（CIP）数据

儿童百科全书.11N-O/不列颠百科出品；
史明等译.—长沙:湖南少年儿童出版社,2012.10
ISBN 978-7-5358-8189-2

Ⅰ.①儿… Ⅱ.①不…②史… Ⅲ.①科学知识—儿
童读物 Ⅳ.①Z228.1

中国版本图书馆CIP数据核字（2012）第167562号

儿童百科全书

© 2012 Encyclopædia Britannica, Inc.
Britannica, Encyclopædia Britannica, and the Thistle logo are registered trademarks of Encyclopædia Britannica, Inc.

All rights reserved. No part of this work may be reproduced or utilized in any form or by any means, electronic or mechanical, including photocopying, recording or by any information storage and retrieval system without permission in writing from the publisher.
Chinese Copyright © 2012 by Hunan Juvenile & Children's Publishing House

本书中所有未注明版权的图片，其版权均为不列颠百科全书公司所拥有。

儿童百科全书 （11 N-O）

| 译　　者：| 史　明 | 吕　顿 | 何政安 | 崔启瑶 | 陈　静 | 张　晨 | 张　沁 |
| | 贾从民 | 唐梦莲 | 梁小兰 | 梁百平 | 杨海平 | 胡小舟 | |

校 阅 者：刘　柯　林　易　陈　克　陈振宜　梁　克　袁海照
总 策 划：胡　坚　李　芳
策划编辑：谭菁菁
责任编辑：巢晶晶
特邀编辑：刘心洁
装帧设计：陈姗姗　司马楚云
质量总监：郑　瑾

出 版 人：胡　坚
出版发行：湖南少年儿童出版社
地　　址：湖南省长沙市晚报大道89号　　　邮编：410016
电　　话：0731—82196340（销售部）　　82196313（总编室）
常年法律顾问：北京市长安律师事务所长沙分所　　张晓军律师
印　　制：湖南天闻新华印务有限公司
开　　本：889×1094 1/16　　印　张：10.5
版　　次：2012年10月第1版　　印　次：2016年12月第11次印刷
定　　价：28.00元

目 录 CONTENTS

NAMES　名字　你叫什么名字? ·························· 2

我们的名字是怎么来的呢? ·········· 6

NAPOLEON BONAPARTE　拿破仑·波拿巴　小伍长 ·········· 10

NATURE　自然　动物之家 ····························· 12

不花钱的水族馆 ························· 18

蝗虫 ····································· 26

动物和植物为什么在它们习惯的地方生活 ········· 32

NEIGHBORHOOD　邻居　领着男孩儿去游历的狗 ·················· 38

NEPTUNE　尼普顿　海神 ································· 46

NEWSPAPERS　报纸　我们是怎样得到新闻的 ············ 48

NEWTON, SIR ISAAC　艾萨克·牛顿爵士
一只苹果,一个概念 ····················· 54

NEW YORK CITY　纽约　"联合国"城 ················ 56

NEW ZEALAND　新西兰 ························· 58

NIAGARA FALLS　尼亚加拉河　马蹄瀑布 ·········· 60

NIGHT　夜晚　不眠的世界 ···················· 62

影子人 ···························· 66

目 录 CONTENTS

NOME 诺姆	黄金之城	68
NUMBERS 数	无穷无尽的数	72
	再谈数	76
	数字与数字符号的区别	78
NURSING 护理	两位著名护士的故事	80
OCEAN 海洋	迷人的大海	82
	不要忘记	86
	潮涨潮落	88
	为什么海水是咸的	90
	神奇的磨	92
	海草	98
	马尾藻海	100
OCTOPUS 章鱼	多臂怪物	102
ODYSSEUS 奥德修斯	奥德修斯与独眼巨人	106
OIL 油	输油管道	112
	油的种类	116
	汽车的好朋友	120

目 录 CONTENTS

OLYMPICS　奥林匹克　著名的竞赛 ································ 124

ONE-TO-ONE　一对一　让我们计划一次聚会 ················ 128

OPOSSUMS　负鼠　背上的负鼠 ································· 132

ORIOLES　黄鹂　悬巢中的鸟 ···································· 134

ORNAMENTS　装饰品　爆玉米花"雪人" ···················· 138

OSTRICHES　鸵鸟　世界上最大的鸟 ·························· 140

OTTERS　獭　潜水和游泳的冠军 ······························· 144

OWLS　猫头鹰　夜间的猫头鹰 ································· 149

OYSTERS　牡蛎　海底珍宝 ···································· 152

NAMES 名字

你叫什么名字?

"嘿,你!从滑梯顶上数第三个男孩,你的手套掉了!"

"猜猜是什么事!那个长着金色头发和棕色眼睛、穿着一件红色冬衣的小姑娘请我去参加她的生日聚会!"

难道你不喜欢爸爸妈妈给他们的孩子取个名字吗?如果说"比尔,你的手套掉了"或"贝思请我去参加她的生日聚会",这是多么明白、简捷而又亲切啊。

名字是说明谁是谁的最简捷、最方便而又最亲切的方式。名字的另一个好处是，它不因人的变化而改变。

昨天，玛丽是长发，今天她的头发剪短了，但是她的名字仍旧是玛丽。

乔治叔叔在他过生日那天没留胡子，在圣诞节那天留了胡子，但是他的名字照样是乔治。

几年前你看上去有些像这个婴儿，今天你看上去更像这个男孩或这个女孩，但是你的名字还是一样。

人总是在变的，变化可能小也可能大，但人们的名字一般是不会变的。

名字的另一个好处是，有时它能说明某人有某种优点。

女孩的名字经常来自美丽、幸福、可爱等词意。

莉莉（Lily）来自"百合花"的花名。她的名字意味着她像百合花一样甜美。

凯瑟琳（Catherine）来自"诚实"这个词的意思，它说明她是位诚实的小姐，并为大家所喜爱。

多罗西（Dorothy）来自"礼物"这个词的意思。你知道当你得到一件礼物时，你是多么高兴啊！

比阿特丽斯（Beatrice）来自"欢乐"这个词的意思。它说明她会给每一个认识她的人带来幸福。

男孩的名字通常来自强壮、勇敢、幸运等词意。

维克多（Victor）来自"胜利者"这个词的意思。

理查德（Richard）来自"勇敢"这个词的意思。

查尔斯（Charles）来自"平民"这个词的意思，也就是干庄稼活的人。

爱德华（Edward）来自"保护者"这个词的意思，它表明他将帮助和照顾其他比他弱小和年幼的人。

在第6册的《朋友》这个故事中你将读到一些关于朋友的故事。

NAMES 名字

我们的名字是怎么来的呢?

假如你只有名而没有姓,那情况会怎样呢?

如果你的名叫做阿凯莱姆贝姆布(Akazamabamaboo),大家都可能知道你是谁,因为也许再没有别人叫阿凯莱姆贝姆布的。

但是如果你的名叫汤姆或玛丽,那情况会怎样呢?

有很多人叫汤姆或玛丽这个名。没有姓和你的名连在一起,人们如何区别你是哪个汤姆或哪个玛丽呢?

在很早以前所有的地方都是这样的,就是人们只有一个名。当世界上的人越来越多时,区别他们就越来越困难了。于是人们开始为他们自己取姓,现在称之为家姓或姓氏。

有时在选择姓时，男人要考虑他从事工作的性质。如果他是一位厨师，他可以说"我是汤姆，一位厨师"，或只是简称为汤姆厨师。如果他是国王的厨师，他可以以汤姆御厨而闻名。

一位木匠、裁缝、磨坊主、理发师、农民或织工都可以选择这些名称中的一个来称呼自己。

史密斯是英语中最普遍的名字之一，它是黑史密斯的缩写。黑史密斯就是为马匹挂掌和炼铁、打铁、用铁来做东西的铁匠。过去每个村里都有个黑史密斯（今天黑史密斯不多了，但电话簿里史密斯却一页接一页）。除了铁器之外，有的史密斯还制造金器和银器，于是电话簿里就出现了汤姆·戈德史密斯（金史密斯），或汤姆·西尔弗史密斯（银史密斯）这类名字。有时就缩写为汤姆·戈德或汤姆·西尔弗。

有时男人根据父亲的名取姓。汤姆是约翰的儿子，于是他就称自己为汤姆·约翰逊。这个男人是雅各布的儿子，他可以称自己为雅各布森。

男人经常用他住的地方的名字做他的姓。詹姆斯住在山里，于是人们就称他为詹姆斯·希尔（Hill，山），另一个詹姆斯住在湖边，他就成为詹姆斯·雷克（Lake，湖）。

过去，很少有人能识字，所以在旅店和商店的门上总是挂上一些画，如钟、鱼、狐狸、狮子，甚至什么都有。

在旅店和商店工作的人有时就用这些画做姓。所以就有人叫汤姆·莱昂（Lion，狮子）、比尔·福克斯（Fox，狐狸）或罗伯特·贝尔（Bell，钟）。

男人有时叫绰号。高个儿男人可以叫做朗·汤姆或汤姆·朗（Long，大个子），或许叫做汤姆·朗·费罗（Long fellow，大个子）。矮个儿男人可以叫做利特尔·约翰（Little，小个子），而他的儿子也许就成了汤姆·利特尔约翰。威廉老是口渴，他就可能叫威廉·德林克沃特（Drink water 饮用水——爱喝水的）。

有时颜色也可以成为姓。红头发的男人可以称为汤姆·瑞德（Red，红色）。但多少年以后这个姓就变化了。所以汤姆·里德（Reed）或李德（Reade），可能就是汤姆·瑞德的子孙。住在长满绿色植物的村庄里的人，可以称自己为汤姆·格林（Green，绿色）。

西方国家所有人的姓来源都差不多。你能猜想得出他们的姓是怎样来的吗？

NAPOLEON BONAPARTE 拿破仑·波拿巴

小伍长

在从前，有个小男孩非常非常想成为战士，世界上其他职业都完全不入他的法眼。当他的兄弟姐妹们玩其他游戏时，他却一个人很开心地扮演战士。

后来，他来到军事学校，学习非常刻苦认真。他还是十几岁的青少年时，就终于达成所愿成为了一名战士。但是这个小个子男孩想要权力。他有超强的控制欲，想告诉全国甚至全世界人们应该做什么，不应该做什么。为此，他不断地努力奋斗，终于成为了法国军队的一名将军。

他的名字叫拿破仑·波拿巴，最终他成为了法国皇帝。

无论是作为将军还是皇帝，他都声名远扬，一度他赢得了所有战争，成为了他祖国的英雄，用春风得意马蹄疾来形容一点都不为过。但是，他并非仁慈的人。如果他愿意，他还是可以表现得魅力十足，但在一般情况下都言行粗鲁，脾气暴躁；虽然他赢得了战争，但因他而死的人也非常多。

拿破仑曾经做过一件事，对美国有着非常重要的影响。为了筹集与英国进行战争的军费，他将北美的一大片广袤的法国殖民地卖给了美国，这就是路易斯安那购地协定。

尽管美国为了购置这片土地花费了大量金钱，但美法两国还是达成了协议。不久之后，美国在这片土地上建立了十三个州。

　　拿破仑经过勤奋而刻苦的努力登上了权力的巅峰。然而，荣辱常在短时间内迅速转换，当达到巅峰之后，很自然就开始走下坡路，拿破仑这样的天之骄子同样不能幸免。他在滑铁卢战役中败给了英国，他的权力和荣耀也随之烟消云散。

　　在最后一场战役之后，英国人将其流放到偏远贫瘠的圣赫勒拿岛。这座位于大西洋中的岛屿远离他的祖国，就在此地，一代强人拿破仑在孤寂中度过余生。

　　你将在第1册的《亚历山大大帝》这个故事中读到另一位伟大的领袖的故事。你还会在第6册中读到《法国》的故事。

NATURE 自然

动物之家

  这个公园很大，从公园的一边到另一边要走一个星期左右的时间。在这个大公园里，有山脉、森林、草原、河流、湖泊和丛林地带。它就是你从这幅画以及其他很多画上看到的所有动物的家园。

  在这里，不允许任何人射杀、捕捉、骚扰生活在这里的动物。这是它们的公园——动物的公园。这是一块动物可按人们了解它们之前的那种方式去生活的地方。

在它们的公园里,你可以参观这些动物,这可以使你体会到历险的那种兴奋的感觉。

参观这些野生动物最安全的方法就是坐在汽车或吉普车里看。在公园工作的护卫人员知道去什么地方最好,他们会把你带到那儿的。吉普车在土路上奔驰会使野生动物受惊,所以护卫总是把车开得很慢,并且尽可能不出声。

你一直看着,往前看,往后看,往两边看。你根本想不到你会看到什么。它可能是一只在树上打瞌睡的豹子;或者是一只在吉普车前奔跑的母狮;大象在溪流中用长鼻子互相喷水;羚羊和斑马像赛马一样在高高的草丛中狂奔乱跑。

大多数公园一到晚上就关门了。但非洲的这座公园却不是这样。游客可以待在公园内的帐篷或饭店里。他们可以围坐在篝火

旁，畅谈白天他们看到的动物，或者专心谛听周围的声音。

夜间是谛听动物鸣叫的最好时间，这里有鬣狗寻找骨头的嚎叫、狒狒的尖喊、大象的长啸、河马的呼噜声、狮子的怒吼声和大群大群角马的哞哞声。你可以听到猫头鹰的叫声和虫声唧唧。猴子从一棵树跳到另一棵树，喋喋不休地吵闹、喊叫。夜晚有这么多动物鸣叫，你简直数也数不清。

15

非洲过去就没有动物园,而且从来就不需要有这种公园。因为过去那里有的是地方可供人和动物居住。

但是当城市建得越来越多,很多的荒野被开垦成农田,到处是四通八达的公路时,动物活动的地方就越来越小了。如果一只大象践踏了庄园,庄园主有时就会把它杀死,而且来自世界各地的猎手都来捕杀动物。有的猎手射杀它们仅仅是因为他们以杀大动物为乐。其他猎手捕杀动物则是为了卖兽皮、象牙和犀角挣钱。

在非洲,动物可以自由漫游和避免被人们伤害的地方几乎没

有了。爱护动物的人们开始担心野生动物不久就要绝迹。于是划定了禁止狩猎区。为鸟类甚至蛇类、鳄鱼和其他爬虫建立了专门的公园。山里的大猩猩似乎最喜欢在非洲的一片小地方活动。于是那个地方现在就成了公园。

为训练公园的巡回护卫人员还建立了专门的学校。护卫的任务就是保证不让游人杀害、偷窃或伤害在公园里生活的野生动物。

我们希望非洲永远不会人群拥挤而使动物没有栖身之地，那样我们就可以经常去探望它们了。

如果你喜欢这个故事，你会喜欢第1册中《非洲：再谈非洲》和《动物：怎样捕捉长颈鹿》这两个故事。

NATURE 自然

不花钱的水族馆

如果附近有一个池塘，如果在妈妈的碗橱里有一只空的广口瓶，那么你制作一个精美的、而且是真正不花钱的"水族馆"就很容易了。直接将广口瓶灌满塘水，注意留一点儿空，放一匙塘泥和一两片落叶。

最初几个小时，广口瓶看不出有什么像水族馆的样子。

但是，当水里的浮游植物沉到瓶底时，你就可以看到一些许多人从没有看到过的很小的植物和动物。

要想看到这些植物和动物，你必须小心和有耐心，有时还得用放大镜。

在你的这个不花钱的水族馆里，你可以看到的动物之一是水螅。它看上去像一只小章鱼，但它只有六只漂动的胳膊，而章鱼有八只。水螅的身体是棕色或绿色的，它只有削尖的铅笔头那样长。

你不必害怕水螅，它只能伤害比它身体小的水蚤。通常水螅把身体附在某种固体物质上，如附在玻璃瓶壁或一片漂浮的叶子上。它把胳膊伸出去猎取水蚤或其他动物，这些东西小得很，你根本看不见，必须拿个放大镜去看。

　　当水螅的一只胳膊触到一只水蚤时,那只胳膊上的螫刺就开始活动。水蚤被螫后就不能动了。水螅的其他胳膊就把它抓住并放入口中。
　　看水螅捕食物很有趣,看水螅移动更逗人,尤其是当它翻筋斗时,六只胳膊一齐翻。翻过去,翻上来,翻下去。又翻过去,又翻上来,又翻下去……
　　你的水螅身上有没有一个小"肉瘤"?这个肉瘤慢慢地会长出一只有胳膊的肉芽。当肉芽完全脱离母体时,它就变成了一只小水螅并独立生活。

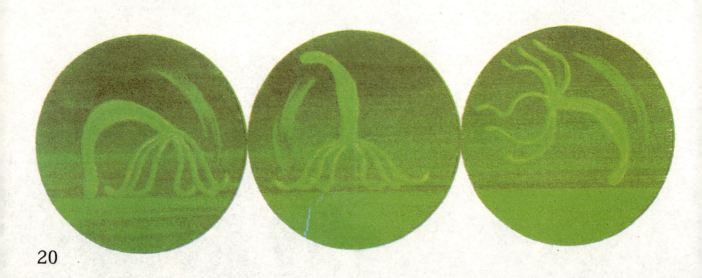

你也许需要一只放大镜去看看你的水族馆里有没有一只涡虫。

涡虫又宽又扁,说不清哪是头哪是尾。除了一端的两点外,涡虫整个躯体看上去都一般大。

　　看涡虫并不像看水螅翻筋斗那样有趣，但它可以将自己一分为二。在尾部慢慢长出另一个躯体，随后这个新躯体脱离旧躯体，变成一只新涡虫。

　　如果你在水中看见一只像一根很长的红头发那样的东西，它可能是一只马尾虫。它可以卷曲和伸直，可以长到比你的脚还长，但它总是像一根头发那样细。

如果你的广口瓶中有一只蜗牛，开始它可能像一只小贝壳，趴在瓶底或瓶边。但是，如果你仔细看的话，你可以看到两根短"头发"从贝壳口慢慢地伸出来。这头发叫触角，蜗牛用它们来感觉和看东西。每一只触角的尖上有一只眼。

　　蜗牛看起来像一组弄乱了的拼板玩具。它只有两只脚，长在腹部的下面和嘴的后面，这对蜗牛来说是很方便的，它可以用脚把水生植物铲起来扔进嘴里吃掉。

如果在第一次放入广口瓶的塘水中没有看到很多动物,你可以再试一次。两瓶塘水不会一样。第二瓶塘水所含动物也许会比第一瓶多很多。

> 这里有一些让你的免费水族馆更成功的秘诀:
> 从靠近池塘的岸边的地方取你需要的塘水。
> 用罐子从池塘不同的地方取水。
> 你甚至可以带一张渔网,用它在池塘里打捞几次,把捞上来的东西倒在你的罐子里。
> 你还可以带一个大桶,将你取的水都倒在里面。

在你的塘水水族馆里，有大量供生物吃的食物。每一滴塘水中都有数以千计的微小的植物和动物。它们还没有一个句号那么大。它们小到除非你用高倍放大镜，否则看不到。

但你知道它们确实存在。如果没有这些东西，那些你可以看得见的水螅、涡虫、马尾虫、蜗牛、水蚤和其他动物就不会存在了。

下次你参观池塘或大湖时，别忘记带上一只空广口瓶。

如果你想知道池塘水中那些细小得几乎看不见的生物，请你看看第10册的《显微镜》这个故事。

NATURE 自然

蝗虫

　　巴克斯特先生站在那儿望着他的庄稼。虽然是清晨,但天气已经很热很闷。咖啡田和谷物地一望无际。

　　巴克斯特先生的儿子阿莫斯用一块大手巾擦着额头说:"爸爸,今年我们的咖啡和谷物收成看来会很好呀。"

　　"如果蝗虫不吃了的话!"他的父亲皱着眉头说。

　　"蝗虫,在我们农场周围还没有见过蝗虫呀。"

　　"那是因为你太年轻了。我曾看到过一大群那种讨厌的虫子在几分钟之内把所有的庄稼都吃光。"巴克斯特先生仍皱着眉头望着蓝天。

　　"父亲你担心什么?"阿莫斯问,"我已经十岁了,从我出生以后如果从没有过蝗虫的话,为什么现在会有呢?"

"我从政府部门得到了消息,说蝗灾离我们这儿不远了。我们的农场离城太远。得不到必要的帮助。"

阿莫斯不以为然地听着。他斜靠在门廊的栏杆上,想着这里空气多新鲜,在家里多有趣。他的父亲在非洲肯尼亚挣下了这块农场。很多年来阿莫斯和哥哥亚历克斯在很远的地方上学。巴克斯特先生雇人帮助照管庄稼。

恰在这时巴克斯特太太来到门廊。

"我看天要下雨了,"她说,"我从厨房窗户看到……"

巴克斯特先生急忙绕到房子的后面。"下雨?"他心想,"天空这样晴朗?"

阿莫斯跟着父亲来到房后,"多奇怪啊,薄薄的黑云。"

他说。

巴克斯特先生焦急地问："在哪儿？"

"在上面，"阿莫斯指着烟囱上空的一些小黑点，"黑点越来越大，好像冲我们来了。"

"敲钟！"巴克斯特先生对妻子喊着。

"把霍勒斯从地里叫回来。再给亨利打个电话。"他喊着，"告诉他，我已经把灭虫剂装上车了，叫他中途等我们。阿莫斯，叫醒你哥哥！"

"怎么啦？"阿莫斯问。

"蝗虫，阿莫斯！我们将遭到蝗虫的侵袭！"

不一会儿,卡车开动了,巴克斯特先生一家人都跳上了车。车上装着铁锹和大麻袋。

小黑点现在已经不小了,看上去像一团大黑云朝他们扑过来。巴克斯特先生挥着双臂,指挥卡车沿土路向地里开去。

"亨利,你开车,我来给庄稼打药。也许我们能挽救一些咖啡树。"巴克斯特先生喊着。

这时阿莫斯可以清楚地看到蝗虫了。蝗虫飞得这样密,好像要盖住一切似的,确实是把一切都盖住了。蝗虫从四面八方扑下来。

巴克斯特太太和孩子们挥舞着大麻袋,霍勒斯用铲子铲,巴克斯特先生用一只大喷雾器喷药,但是毫无用处。

蝗虫到处都是,连他们的眼睛、耳朵和头发上,全都沾满了。蝗虫吃掉谷物、青草和咖啡树,吃掉农场上的一切植物。

阿莫斯永远不会忘记那个可怕的日子,他父亲第二年又种下了新庄稼,而且没有遭受蝗灾。以后即使在阳光灿烂的日子,阿莫斯

也都注意观察,看看天空中有没有小黑点。

蝗虫并不是唯一一种给人类带来灾害的昆虫。地里的作物长成后可以做食物,可以做衣服,可以做其他许多东西。但是当作物种下后,人类就知道某些害虫会要来吃掉它。

一旦数以百万计的黑白色的小麦虱来到,没有一片麦田能存在很久。大批的浅棕色象鼻虫能吃掉地里的每一株棉花。象鼻虫把卵下在棉花的花蕾和棉桃上,幼虫孵化出来后就吃棉株。成虫也吃。

一只象鼻虫吃一株棉花倒不打紧,地里每一株棉花上都有成千上万的象鼻虫时,问题就严重了。这时棉农真正陷入灾难之中。

棉农可以像巴克斯特先生那样用化学药剂杀死象鼻虫。但必须

30

  小心，别用得太多。在不需要的地方甚至一点儿化学药剂也能够对植物、鸟类和兽类造成危害。

  毁灭农田和花园的虫群多得不计其数。蚁群穿过炎热稠密的丛林时，很快就吞食掉路上的每一株绿色植物。蚁群搬家时，连小动物也不安全。

  农民和园丁正与各种危害庄稼的昆虫进行着一场没有休止的战斗。

  你喜欢这个故事吗？看看第8册的
《昆虫》这个故事吧。

NATURE 自然

动物和植物为什么在它们习惯的地方生活

这只浣熊很饿了。它看到小溪里不远的地方有鱼。突然，它的爪子伸进水中，溅起水花。它的爪子伸得很快，但这次还不够快，鱼跑掉了。

浣熊和鱼各自生活在相距不远的地方。但浣熊不能在水下生活，而鱼离开水也不能生存。

每一种植物和动物都在一定的地方生存。这就是浣熊不能生活在水里、鱼不能离开水的简单道理。每一种动物都以不同的方式生活。

但是，某些植物和动物为什么生活在一定地方，还有很多其他的原因。有人对这些原因进行了研究，这种科学被称之为生态学。

当一群植物或动物长大后，它们要分散开来，最后可能到达江边、海边或高山上。后来很长时间，也许永远生存在生物栅栏的这一侧，而不是另一侧。

如果一种动物只吃某些种类的植物，那么它只能生活在这些植物生长的地方。无尾熊吃的桉树叶生长在澳大利亚，于是无尾熊就生活在那里。当无尾熊离开澳大利亚住进动物园时，无尾熊吃的特殊树叶必须保证供应。

生活在世界很热地方的动物和植物一般不能在很冷的地方生存。寒冷地方的动物通常

也不能在很热的地方生存。

　　很多植物生长需要土，土里某些养分要很丰富。如果泥土含沙多，或者是坚固的岩石，大多数植物就不会在那里生长。但少数需要充足阳光、而不需要很多水和化学养分的植物可以在这种沙石地生长。可这些特殊植物由于其他植物会把它们挤走或挡住它们的阳光，所以在其他地方也经常不会见到。

　　有时，让一种植物或动物生长在某个地方的因素是不易看出的。例如，棕鹈鹕吃鱼，于是你可能认为在靠近海洋的任何地方它都会生活得很好，但实际上却不能。

　　鹈鹕用一种特殊的方式获取食物。它在海面上高高飞翔，注视着水下的鱼，然后潜

入清澈的水里捕鱼。

由于以这种特殊的方式获取食物，所以生活在加勒比海清澈水域的棕鹈鹕，可以移居到水清的地方。如果离得太远的话，它就不能找到它赖以为生的鱼。

　　还有一种叫北极燕鸥的鸟，它们不是在白令海附近繁殖。很长时间内科学家们一直搞不清这是什么原因。

　　后来，他们在喂养这种幼鸟时发现，晴天幼鸟体重增加，雾天幼鸟体重减轻——在这种天气至少是找不到食物的。

　　科学家们认为，白令海附近经常是雾天，因此北极燕鸥不能在那里繁殖。

有时我们发现在一个地方除了某种植物或动物外，其他任何生物都不能生长。

红树可以沿着温暖的海岸在污浊的咸海水中生长。在种子从树上落下之前每一粒种子都长出一个根。当种子落下时根就可以插入泥中。

红树长得很快，它的根分叉后形成一只网攀住泥土和水中的浮木。这些东西聚集起来，组成坚固的地面。

由于红树在这种不牢靠的地方也能生长，所以它有很广泛的生存空间。

但是，我们都知道有一种动物，他很聪明，知道如何盖房屋和织布。他能够种粮食，无论走到哪儿都可以带着他。这种动物就叫做人，他几乎可以在地球上任何他想去的地方生活。

如果你喜欢这个故事，你会喜欢第5册《地球：地球的起源》这个故事。你还能在第8册中读到《考拉熊》，第12册中读到《鹈鹕》，第13册中读到《浣熊》的故事。

NEIGHBORHOOD 邻居

领着男孩儿去游历的狗

艾伦太太把拴狗的皮带递给乔伊说："我忘了带钱包，乔伊。我回楼上去取钱包，你牵着格利佛。"

艾伦太太和乔伊同住一幢公寓楼。乔伊经常看到格利佛，但以前从没有牵过它的皮带。他心里没把握该不该接过来，格利佛太大了。

"如果它用后腿立起来，"乔伊心想，"可能比我还高。"

突然格利佛将爪子伸进草里，飞跑起来，差点儿把乔伊拽得腾空飞。

"等一下，格利佛！"乔伊喊道，"我们得待在这儿。"

格利佛继续奔跑。乔伊想抓住皮带，只有跟着它一起跑。

乔伊和格利佛六条腿一起跑,很快就拐过了街角。"它像一匹马。"乔伊心想。于是他喊着:"哦,格利佛,哦!"

格利佛停下了,但不是因为听到了乔伊的喊声。这里什么声音也听不见,有一种声音像几百万只蜜蜂围着无数花嗡嗡叫。

乔伊没有看到一只蜜蜂,但他看到了一辆形状奇怪的卡车,车上有一个长梯把一个人送到高空。那个人手里拿着一把锯,嗡嗡声就是从那儿发出的。

另一个人站在卡车附近。"回去,小孩。"他喊道。然后笑着说:"我们是公园管理处的。锯下这些死树杈以防在刮大风时掉下来伤人。你同那只大狗要去哪儿?"

"我不知道。"乔伊说。当他想挥手说再

见时,格利佛又拽着他跑起来,格利佛跑得太快,他差点儿牵不住啦。"我不知道。我不知道我们要去哪儿?"

他们向这边,向那边,又向这边拐过了三个街角。然后格利佛停了下来,用鼻子吸气,乔伊也用鼻子吸气,同时希望格利佛继续跑下去。

一股黏糊糊的油味,真恶心!是从住宅区街中心的大黑锅里散发出来的。乔伊向锅里看,里面装满厚厚的黑东西,比布满星星的天空还亮。

"那是沥青,"一个穿工作服的人告诉乔伊,"我们在锅里加热,让沥青软化。然后掺一些沙子,倒进街面的坑里。沥青冷却后变硬,使街道和新的一样平。"

乔伊想停下看一会儿，但格利佛不听他的。它向那人摆了摆尾巴又跑起来。他们跑到第二个街角，格利佛停了下来，它冲一个在大金属箱前猫着腰的人汪汪地叫。

　　那个人从箱子里取出一些东西，然后放进一只大皮包里。格利佛叫着，猛拽乔伊手中的皮带。乔伊厉声叫道："这没有什么可叫的，那是我的朋友。他是位邮递员。"

　　邮递员关上箱子，锁好后转过身来说："嘿，是乔伊！还有格利佛！"

　　"这箱子是干什么的？肯特林先生。"乔伊问道。

　　"我不能一次把所有住户的邮件全带走，乔伊。"邮递员说，"所以我能带多少就带多少，余下的留在这儿回来再取，直到全发送完。"

不知从什么地方传来一阵警报声,呜——呜——呜呜呜。声音越来越大,接着一辆明亮的红救火车从他们身边飞速驶过。

在人行道上,格利佛又拽着乔伊跑起来。救火车拐过街角停下来,格利佛也在那儿停下来,有几个人围着看消防队员冲进一所冒烟的房子。

乔伊想看看,但格利佛不等他。

它用力拽着皮带,使乔伊又跑起来。

这一次格利佛在一只大金属垃圾桶旁边停下了。它嗅了又嗅,好像垃圾桶里容纳了世界上所有的好味道。

正好这时垃圾车开来了,从车厢里跳出一个人。"对不起,打扰你们的兴趣了,流浪汉,我必须把桶倒空。"

"它的名字叫格利佛。"乔伊说,但不清楚这个人听到他的话没有,因为格利佛又拽着他跑起来了。

最后，格利佛停在一道栅栏前面，栅栏把一所大白房子的院子全围起来。格利佛汪汪汪地叫着，立刻有一只小白毛狗不知从什么地方跑了出来。

格利佛和这只狗隔着栅栏把鼻子贴在一起，尾巴很快地摇动着。

"啊，他们是朋友！"乔伊说，"格利佛，现在我明白你为什么一路都不停留，这就是你一直想来的地方啊。"

过了一会儿，格利佛好像想到该跟它的朋友说再见了。它短叫了一声，转身带着乔伊再次开始奔跑。乔伊一生中从没有跑过这样

远、这样快。但跟着格利佛去游历肯定是有趣的。

格利佛突然停住坐了下来，嘴张着，把红舌头伸出来。乔伊向四周看了看，他们又回到了公寓楼的门口。

"啊，乔伊，"艾伦夫人从门里走出来时说，"对不起，让你久等了。"

"没关系，艾伦太太，"乔伊说，"我一点儿也不在意。"

"有时你想使散步愉快就得把格利佛带着。和它一起出门是有趣的。我们把它叫做格利佛，因为那是一位著名的旅行家和探险家的名字。"

乔伊把皮带递给艾伦太太，朝格利佛笑了笑。

NEPTUNE 尼普顿

海神

　　尼普顿——伟大的海洋之神!

　　据说,他拥有魔力的长矛猛击大地之后,巨大的力量足以撕裂大地。

　　当他的长矛碰到海面时,巨浪骤起。随之而来的是船舶的倾覆和船员的溺毙。即便是生活在海洋中的怪物也都心惊胆战,唯恐惹恼海神。但有时候,尼普顿会伸出手来把巨浪抚平,造就风平浪静的海面。

　　尼普顿的家位于海底深处的珠宝宫殿中,他喜欢驾着金色战车在怒涛滚滚的海面上驰骋。

　　在第10册的《墨丘利》、第12册的《潘多拉》、《普西芬尼》和第15册的《托尔》几个故事中,能找到其他一些古代神话人物的故事。

NEWSPAPERS 报纸

我们是怎样得到新闻的

　　骑车的男孩举起胳膊把一件东西扔出来。

　　"砰"的一声。

　　卷得很紧的报纸从空中落到尼尔家的门廊上。尼尔打开前门，拾起报纸交给父亲。每天晚上他都这样做。

　　但今天晚上当他把报纸交给父亲时，父亲说："你看，这里有一幅游行的照片，就是我们今天上午看到的那次游行。"尼尔跳坐到父亲的椅子扶手上仔细瞧着。一点没错，就是那个乐队的照片，还带着大圆号和大圆鼓哩。

"怎么这样快就上报了?"尼尔感到有些奇怪。

"这是报纸的重要性之一。"尼尔的父亲说,"所有当天的新闻都要登在报上,所以我们立刻就能看到。"

"但他们是怎样做的呢?"尼尔问,眼睛仍旧瞧着照片。

"一个叫记者的人今天来到游行现场,"父亲说,"你记得那个背照相机的人吗?"

"记得。"尼尔答道。

"那个就是记者。无论什么时候发生了人们想知道的事情,他都去调查。他观察、采访、拍照。有时有一种专门的摄

影记者,单拍照。"

"你是说他们去调查火灾和车祸吗?"尼尔问。

"是的。"父亲回答说。

"嗯,记者观察、采访和拍照后又怎么办呢?他怎样把所有这些登在报纸上呢?"

"他拿出铅笔和笔记本把他看到的或某人告诉他的事记下来,然后根据笔记用电脑把文章打出来,再交给被称为编辑的人。另外的人把图片导出来。就像这张照片一样。"

尼尔已经把照片忘了,他又看了看。那个角上是什么?他一边仔细瞧,一边问:"以后又怎么办呢?"

"编辑审查过文章后,再送给负责印刷的人。文章同其他记者采访来的许多新闻一起印刷。在很大的机器(也叫印刷机)上印刷,够本城想买报的人每人一份。"

"然后我们的报童是怎样得到报纸的呢?"尼尔感到奇怪。

"送报的卡车从报社装上报纸送到城里许多街角、报摊和商店。"父亲解释说,"我们的报童必须从街角取报折好,然后送到他负责的地段的各家。"

尼尔又看了看报纸,"所以游行的报道这样快就见报了。"突然,当他又看了看照片,他看到左角上就是他父亲在看从身旁经过的游行队伍,站在他父亲右面的正是尼尔。

"看!"他叫了起来,"我们在照片上!"

"啊,你知道什么了?"父亲说。尼尔激动时,父亲总是说"你知道什么了"。

"你和我都成了今天的新闻。"

在第13册的《无线电》和第15册的《电视》两个故事中你还能看到其他获取新闻的方式。

NEWTON, SIR ISAAC 艾萨克·牛顿爵士

一只苹果，一个概念

当你把球抛向空中时，你会感到奇怪，为什么球总是落下来？为什么球不一直往上飞呢？

曾经有个人探索了这个原因，他就是艾萨克·牛顿爵士。三百年前他住在英国。在夏季的一天，他坐在苹果树下，一只苹果从树上落下来打在他的头上。他拾起苹果，揉着头，开始琢磨为什么苹果会掉下来而不是飞上天。是不是有某种能或力把苹果拉下来——一种谁也看不见的力？

他经过很长时间的钻研，终于找到了这个问题的答案。他的答案今天被称为万有引力定律。它帮助我们懂得为什么地球、月球和行星在天空运行而不会互相冲撞，它说明为什么东西在手中有的轻、有的重，为什么抛出去的物体要落到地下。

艾萨克·牛顿认为每个物体之间都存在一种看不见的拉力，重的物体比轻的物体难拉过去。我们生活的地球比地球上的任何物体

54

都大得多、重得多。所以每个物体都要落到地面上。又大又重的地球用一种引力把轻的物体吸引下来。

引力使整个宇宙联系在一起。太阳、月亮、地球、其他行星以及所有它们的卫星都互相吸引。这使它们在空间全都固定在一定的位置上。

你手中的球感到有重量，是因为地球吸引球的力比球吸引地球的力大得多。如果你把球抛向空中，它只能上升很短一段距离，然后地球又把它吸引下来。

艾萨克·牛顿是第一个发现万有引力的人。

想了解更多吗？请读第9册中《轻和重》和第14册中《太阳》这两个故事。

NEW YORK CITY 纽约

"联合国"城

  我家住在一个大部分房屋都建在岛上的城市里。爸爸说，这座城市的主岛曾经经历了历史上"最大"的一笔交易。大约三百年前，这个岛用价值二十四美元的彩珠从印第安人手中买了下来。今天，这个岛已成了美国最大最富的城市的一部分。
  这个城市有比任何地方的城市都高得多的建筑物。有的建筑物高得很，像用一百间房子，一间摞在另一间的顶上摞起来似的。当我乘电梯到达一座建筑物顶部的观光塔楼时，我可以从窗外看到整个城市、部分海面和通往邻州的公路。城市各岛间都有许多又大又长的桥相互连接，同时与大陆连接。到了晚上，当桥上灯火通明时，大桥像一串巨大的闪光项链，从这边

海岸伸向那边海岸。

　　这座城市里的居民经常乘坐地铁。这是在地下隧道的轨道上行驶得最快的列车。列车吼叫着穿过隧道，像动物园的狮子在怒吼一样。这座城市是联合国的所在地。从世界各国来的政治家都聚集在联合国，讨论解决国际性问题和防止战争爆发的事。

　　这座城市自身就是一个"联合国"，因为那里住着各个国家来的人。有的人从非洲、从中国和日本、从印度和太平洋诸岛乘船或乘飞机来，有的人从墨西哥、南美和波多黎各来，甚至有少数是爱斯基摩人和美洲印第安人，有的人从欧洲国家来。

　　在这座城市旅行就像环球旅行一样。这座城市叫纽约。

找找我在哪？在第16册的地图上找到纽约。

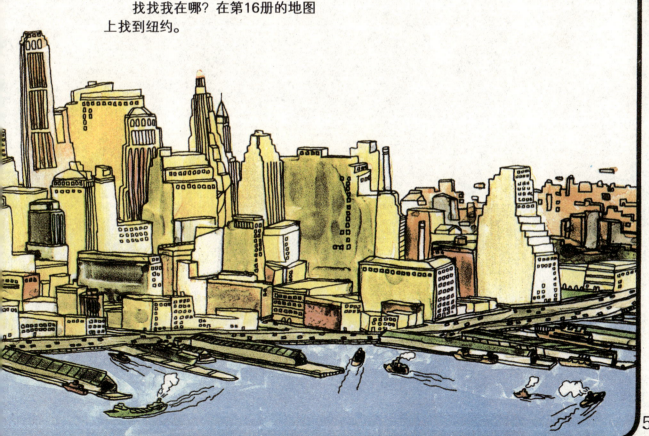

NEW ZEALAND
新西兰

大家好！我名叫乔丹，现在我正搭乘着一艘小船，静静地穿过怀托摩洞穴。世界上的大部分洞穴都非常阴暗恐怖，但这座洞穴却完全是另一番景象，在这里，成百上千的萤火虫把洞穴照得雪亮。这些小虫子或是停在洞穴壁上，或是挂在洞穴顶上，每只虫子都闪着光亮，如同圣诞树上的小彩灯。但如果有人发出声响，你知道会发生什么情况吗？受到打扰的萤火虫会把灯给熄灭！

怀托摩洞穴位于离我们十分遥远的国家——南太平洋的岛国。

岛上最初居住的是棕色皮肤的毛利人。他们住在部落中，以狩猎和捕鱼为生，有时候也会发生一些争斗。他们留在树木和岩石上的刻画为我们了解当年的生活情况提供了素材。

殖民者来临之后，为这个岛国带来了法律和大不列颠的风俗习惯……现在原住民和白人住在一起，和平相处。我们大部分人都住在拥挤而繁忙的城市，把小汽车和公交车等作为交通工具，在大商店里购物，与世界上其他地区的人们没有两样。

如果您想在度假时仿问我们的国家，请一定带上您的照相机。实在有太多值得拍照的地方——白雪皑皑的山脉，蔚蓝色的高山湖泊，汇入大海的深水河流等等。

你还可以参观平原上的奶制品农场，这些农场出产牛奶、奶酪和黄油等物品。而高原刚牧养着数以百万计的绵羊。如果你造访这个国家最大的城市奥克兰，就可以看到羊毛、肉类、黄油以及奶酪等产品正在装般的情景。

如果您去惠灵顿的动物园浏览，我要向您介绍一种有趣的鸟——害羞的奇异鸟（鹬鸵）。它是一种既没翅膀也没尾巴的鸟类，但它的蛋十分巨大，约半公斤重，相当于雌鸟体重的三分之一。

你已经猜到我在哪里了吗？对了！就是新西兰！

找找我在哪？在第16册的地图上找到新西兰。

NIAGARA FALLS 尼亚加拉河

马蹄瀑布

我正站在河岸上，这条河发出雷鸣般的响声。人们几乎听不清自己的讲话，河岸好像也在脚下颤抖。

在这条河的其他河面上，水流有的也很平静。船可以在平静的水面上漂浮；人们可以在缓缓的河水中游泳。但我现在面对的这段河流却不行。这里的河水流速很快，像特别快车一样。没有人敢下水游泳。

这是因为离这里不远的地方河水从高处倾泻而下。它吼叫着消失在浪花和水雾之中。

由于河水倾泻而下，它形成了几条世界上最大的瀑布，总共约一公里宽。水落下去很有力，把河底冲出一个很深的坑，形成很深的水渊，水渊里的水很深很深。水还在瀑布后的岩石上形成了一个岩洞，叫风洞。

流过瀑布以后，河水打在岸边的岩石上形成一个巨大的旋涡。即使这样，两艘叫"雾中少女"的小汽船可以载着游客驶近瀑布脚下。

你能猜出这条汹涌的河流的名字吗？它从两个国家之间流过，河的一边是加拿大，另一边是美国。瀑布最大的部分在加拿大，称为马蹄瀑布，因为它的形状像一只巨大的马蹄。瀑布的另一部分在美国。

这条河叫尼亚加拉河，瀑布也因此叫尼亚加拉瀑布。有人乘坐桶(当然是特制的桶)从尼亚加拉大瀑布流下，而且还活了下来，这似乎是难以使人相信的。

找找我在哪？在第16册的地图上找到尼亚加拉瀑布。

NIGHT 夜晚

不眠的世界

夜深了，城里的灯火照着空旷、平静的街道。但并不是绝对的空，绝对的静。虽然大多数人白天工作，但少数人则白天休息，夜间工作。

听！一个警察沿人行道慢慢地走过。他停下来推一推门，看门锁好了没有。

送奶车的车轮轻轻地转，面包车的车轮也轻轻地转，给餐馆和饭店送去了供早餐用的面包卷。

再听！飒飒的声音越来越大了！清洁车像肮脏的老龙慢慢地爬过来，并用旋转着大扫帚把街道扫干净。

看!色彩鲜艳的出租车开得多快。它也许正忙着送人回家睡觉。

你边走边看！在昏暗的建筑物里面，有一个模糊的人影，那是夜班门卫。在高大建筑物里面，其他夜间工作者正在打扫，迎接即将到办公室来工作的白班工作者。

在通宵餐厅里，在公共汽车里，在火车站上，都闪烁着友好的灯光。在城市的另外一些地方。大卡车从很远的农场和果园运来新鲜的蔬菜和水果供应市场。

呜——呜，救护车的警报吼着，它迅速地把病人送往医院。

在街角卖报的人一边卖报，一边看到了这一切。所有这些都只是看起来似乎沉睡的城市在继续进行的夜生活的一小部分。

夜间,在月光照耀的森林里,万籁俱寂。没有什么东西活动……

你相信吗?

你看,在高高的树上有两点闪耀的亮光,那是花脸浣熊的眼睛。它从树上跳到地上,寻找食物。

你听,老树干附近在颤动。另一只动物走进来,后面跟着两只小动物,它们背后的皮毛都有白色的条纹。那是臭鼬。你静静地待着。如果你不打扰它们,它们就不打扰你。

在树杈间移动的一团黑影是什么？那是一只负鼠。由于这里是黑夜，它也出来捕食。很多动物白天睡觉晚上捕食。做为了生存而必须做的工作。

一种什么东西张着翅膀，发出轻微的呼呼声从你的脸前飞过？用不着害怕。那是蝙蝠正在捕蚊子。

呜——呼——呜——呼，树林深处有一只大猫头鹰在捕老鼠。

你看，谁的小猫夜间在树林中散步？大猫在夜间捕食。野猫也在夜间捕食。

所有这些都只是看起来似乎沉睡的森林在继续进行的夜生活的一小部分。

NIGHT 夜晚

影子人

夜晚的影子如同秘密，
既安静又怪异；
我不知道它们究竟是什么，
来、去、变化都那么随意。

它们把书变成怪物，
披头散发有杀伤力；
又把我们的黄车扭曲，
就像憨厚的熊贪吃。

但如果我想碰一下，
如同碰到的是空气。
既不能吃饭又不能讲笑话——
但我还是知道它们存在。

我知道它们，
是因为自己的影子，
既模糊又瘦长；
当我伸出手臂转弯时，
它也沿着人行道变异。

如果我不停跑，
它就会越来越高和细；
我不知它是否在踩高跷，
还是它就是我自己？

但在街灯下，
它很小——仿佛充满诡计；
它的外形时刻变化，
而我今年刚六岁。

　　任何被光照到的物体都会形成自己的影子。如果你站在蜡烛或者壁炉以及灯的前面，你就能看到自己的影子。如果你站在灯和墙壁之间，通过灯的照射，你就可以用手指在墙上变换出许多有意思的影子。
　　你越靠近光，影子就会越大。在晴好的白天，如果你去户外活动的话，你能看到太阳照射出的影子，而在明亮月夜，你也能看到月亮照射出的影子。太阳照射出的影子一般是早晨和傍晚最大，因为正好太阳在天空中的位置最低。
　　猜猜看，地球上的什么东西能够制造出最大的影子？
　　山脉。

NOME 诺姆

黄金之城

黄金!黄金!黄金!

黄金在海边的沙子里。有人说黄金甚至黏在海船的铁锚上。

当在美国阿拉斯加发现新金矿的消息传开后,世界各地成千上万的人涌向那里,去寻找他们的幸福。数以百计的帐篷在岸边排成一线。给养堆得高高的。在北极光的照耀下,在冰海的岸边,人们建起了一座新城,它就叫诺姆。

搭木板房屋和店铺用的木材从几千里远的港口通过海路运来。北极圈一年中八个月的冰冻期把这里的人与世界隔绝了。那时,一碗汤要花一个美元。一只鸡蛋可能要花一个半美元。种植蔬菜和鲜花的温室建成后,诺姆很快就成了世界上最富有、最繁荣、最激动人心的黄金之城。

诺姆在阿拉斯加,但阿拉斯加的黄金热不是在阿拉斯加开始的。它起始于加拿大的克朗代克河附近,地点正在靠近阿拉斯加的边境上。一个叫赛沃什·乔治的人最先发现了金矿。

当消息传到西雅图、华盛顿以后,那里的人用电报把这个消息传遍了全世界:"在克朗代克发现了金矿,这是目前所知最有价值的矿藏。"

数以千计的人放弃了他们的工作，离开了家人，去寻找金矿，虽然很少有人知道克朗代克在哪里。

大多数人乘船到斯卡圭——一个在阿拉斯加的印第安人交易站，然后从那里骑马、乘狗橇或步行去加拿大的克朗代克。

去克朗代克必须通过两个很高的山口中的一个。骑马的人一般走远路过白山口。很多马从冰架上滑下去，下面的峡谷就叫死马谷。

另外一条过奇尔库特山口的路更加危险。路很陡，很多淘金者无法把所有的给养一次运到山顶，只好分成几次，一次运一点儿。有时雪崩和山崩突然发生。在一次雪崩中，近六十名艰难的攀登者丧了命。

但很多的人还是胜利了。一翻过山口，这些被称为幸福矿工的淘金者就开始制造船只渡过河流和湖泊、急流和旋涡，又有更多的人在这里丧生，但活着的人终于来到了育空河上的道森，这就是盛产黄金的克朗代克了。

道森是一个热闹的采矿营地。有人在河里淘金发了财。在赌场和交易中也能发财，但经常是输得精光。有个人用船运来一头牛，每杯牛奶卖五美元。还有个人带来了一张报纸，这张报刊载了西美战争开始时缅因号战舰沉没的消息。

他把这张报卖了一百六十美元。买报的人在帐篷里读给大家听，听的人每人交一美元。在用狗橇和船只把更多的报纸送来之前，这个人赚了一千多美元。

淘金者从克朗代克扩展到整个遥远的北方。有的人发了财，但更多的人却依旧穷。他们当中很多人或迟或早都回到了家乡，但有成千的人则爱上了这块广袤的北极荒原。他们留了下来成为捕兽者、农场主和商店老板。他们定居在这片荒凉的土地上，它就是今天的阿拉斯加州。

诺姆还存在。但大多数金矿似乎已经淘光。今天的诺姆是一个爱斯基摩人的小镇，以生产皮毛闻名。

如果你喜欢这个故事，你会喜欢第7册的《黄金》这个故事。

NUMBERS 数

无穷无尽的数

这是一条晒衣绳。

这是一排栅栏。

这是一排饭桌。

晒衣绳有头也有尾,栅栏和饭桌也一样。
组一行数字却无穷无尽。下面箭头所指的方向,表示这行数可以越过这一页,超过建筑物,穿过遥远的云层进入太空,无穷无尽。

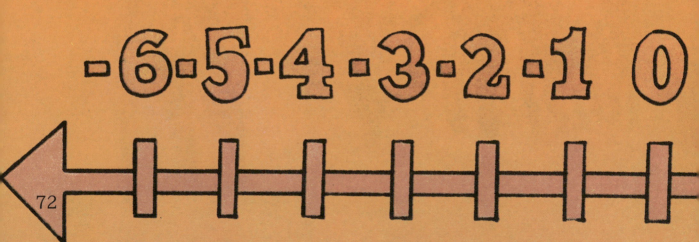

这行数无穷无尽是因为数本身无穷无尽。

即使你认为你知道的数很大,别人也能想出比它更大的数来。

用什么方法呢?

他可以拿你想的最大数再加上数"1",他的数就比你想的数大了。

但你可以更聪明些,再用你朋友的新数加上数"1",这样你就有了一个甚至比他的数更大的数。

于是你与你的朋友就可以在这行数上,互相加"1",永远进行下去。

如果我们按手指所指的方向沿这行数向右移动,我们的数就越来越大。如果我们转过来向另一方向——向左移动将是怎样的呢?

当我们往回走，每一步都去掉"1"，我们的数就越来越小，最后到达零。

我们到达零以后，向左继续走，我们的数就比零少"1"，写成"-1"，这个数称为负一或比零小一。

我们继续向左移动一步就到了"-2"，比零小二。然后再移动一步，我们就到了"-3"，比零小三。我们也可以向这个方向永远走下去，这行数的两头都没有止境。

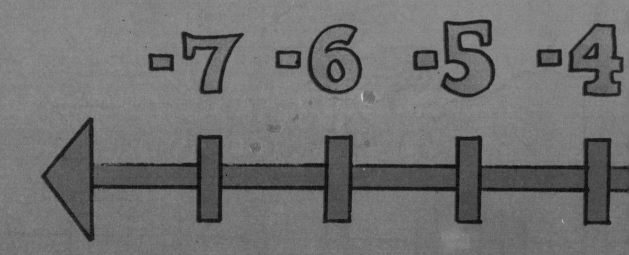

这时，你可以认为你知道的数最小。但你的朋友可以用它减去"1"，这样他的数比你知道的最小数还小。

但你可以更聪明些，再用你朋友的新数减去"1"，这样你就有一个甚至比他的数更小的数。

于是你和你朋友可以在这行数上互相减"1"，永远进行下去。

数轴可以画成向上向下甚至倾斜的，但它们仍旧是无穷无尽的——因为数是无穷无尽的。

你能在《收藏》、《相等》、《线与形》、《测量》、《一对一》、《加减法》以及《关系》等几个故事中找到其他关于数学上的第一次探索。

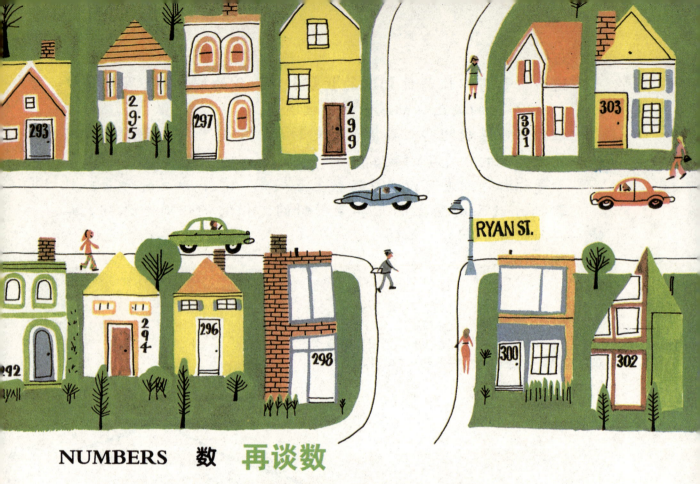

NUMBERS 数 再谈数

也许你已经被邀请去参加查利·齐姆的生日舞会了。

你不知道怎样去那里，但是你知道地址。这样即使你们的城市有一百万幢房屋，你也可以准确地找到查利·齐姆的住宅。

方法是这样的：

每条街道都有自己的名字，如史密斯大街或巴特勒大道。有时街道用字母或数字命名，如C大街或47号大街。

每幢房屋、公寓、商店或博物馆都有一个号码。大多数其他建筑物也是如此。这个号码通常是在前门的上方或门上。

在几乎所有城市里，偶数，即以2、4、6、8或0结尾的号码在街道的一边；奇数，即以1、3、5、7或9结尾的号码在街道的另一边。

因此，如果你要去瑞安大街317号参加查利·齐姆的生日宴会，你只有在街道的奇数号那边找，因为317的尾数是7，是奇数。

当你来到瑞安大街,你看到一幢房子,门上的号码是292。它是偶数,你就知道你找错了边。你跨过街道,看到第一幢房子的号码是293,是奇数。

这时你开始走,下一幢房子的号码是291。哎呀,方向错了。数越来越小,你要找的317是个大一些的数。

你转过头来向另一个方向走,295,297,299,数越来越大,你走的方向对了。

你走到一条交叉的街道,跨过路口。第一幢房子就是301。

在大多数城市里,房子都分街区。街区就是一个路口到下一个路口的距离,用一样的百位数表示。所以这时你在300区。303,307,309,311,313……现在你知道就要到了。315,317,你走到门前边,按一下门铃。

"大家都在楼下,"查利的妈妈说,"请进。"

你想一想,没有门牌号码,你能参加查利的宴会吗?

NUMBERS 数

数字与数字符号的区别

数字说明了有多少。比如，数字5告诉我们你的一只手有5根手指。

至于数字符号，顾名思义，表示的是数字的符号。它实际上是某个数字的名字。但一个数字符号不是一个数。数字符号比较具体，可以写在纸上、刻在石头上、或者用木头和塑料等材料制作出来。但数字比较抽象，无法用具体的东西表示。

这个数字符号表示数字5。

另一个数字符号同样表示数字5。

第二个数字符号大于第一个，但它们表达的数字却是一样的——也就是5。所以即便是第二个数字符号大于第一个，第二个数却不见得大。当你想到5种东西——比如老虎、棉花糖、手机等——你脑子里浮现的是相同的数字。

下面是一个数字符号，它表示了数字10：

数字10告诉我们你的双手有10根手指。

数字符号10是大于还是小于蓝色数字符号5呢？

小于。

那么数字10是大于还是小于数字5呢？谁又能告诉我们，到底是10根手指多还是5根手指多呢？

数字10大一些，因为它代表更多手指。

既然你已经知道了数字和数字符号之间的区别，请再看看数字符号，想想这些数字的名字和图形。

哪个是最大的数字？ 9。

哪个是最小的数字？ 1。

哪个是最大的数字符号？ 1。

哪个是最小的数字符号？ 6。

你能在《收藏》、《相等》、《线与形》、《测量》、《一对一》、《加减法》以及《关系》等几个故事中找到其他关于数学上的第一次探索。

NURSING 护理

两位著名护士的故事

从人类历史的早期开始,护士这个职业就已经出现了。在古代的希腊、罗马、中国、印度和波斯的文献中,就有关于照顾病人和伤员的人士的记载。在后来的欧洲也出现了护士,这些护士是宗教机构培养出来的,很多其实就是修女。

历史上最著名的两位护士是英国的佛罗伦斯·南丁格尔和美国的克拉拉·巴顿。

佛罗伦斯·南丁格尔——1820年,佛罗伦斯·南丁格尔出生在意大利佛罗伦萨的富裕英裔家庭中。但是她不想像娇娇小姐一样过着安逸舒适的生活,相反,她想成为一名护士。

在十九世纪早期的英国,很少有人想做护士。而当时的护士通常也缺乏帮助病人和伤员的知识,所以实际上更像是女仆,而不是专业的护理人员。

1854年,英国和俄罗斯之间发生战争。当时的医院很脏,也没有足够的床位和医药提供给伤员。

　　佛罗伦斯·南丁格尔和她手下的38位护士来到俄罗斯。在老旧又肮脏的医院中，她发现多达五千名伤员。她每天要工作二十个小时。她把医院组织成许多病房，并尽可能保证医院之内所有东西的清洁和卫生，除此之外，她还要尽可能争取医疗设备和药品。

　　因为她的杰出贡献，在战后她受到了维多利亚女王的褒奖。佛罗伦斯·南丁格尔并没有就此停止脚步，而是将自己的一生都献给了护理事业。1860年，佛罗伦斯·南丁格尔在英国的圣托马斯医院建立了一所护士培训学校。在她的指导下，上千名妇女在此受到专业护理培训。佛罗伦斯·南丁格尔也被后人视为现代护理学的奠基人。

　　克拉拉·巴顿——克拉拉·巴顿于1821年生于美国马萨诸塞州的牛津市。她从十五岁开始在学校做老师。在她四十岁那年，美国内战爆发，她赶赴战场竭尽全力护理伤员。除此之外，她还创建了一个专门的机构寻找失踪的战士。

　　战争结束之后，克拉拉·巴顿来到欧洲帮助普法战争中的伤员恢复健康。正是在欧洲的这段时间，她成为了国际红十字会的活跃成员。

　　克拉拉·巴顿于1881年回到美国，倡导成立了美国红十字会，并且被选举为该会的第一任主席，直到1904年因年老体衰才辞去这一职位。她建立护理组织和康复组织，不仅仅是为了帮助战争中的受害者，也为了帮助自然灾祸的受害者，比如因洪灾、飓风、龙卷风、地震等受伤的不幸者。

OCEAN　海洋

迷人的大海

如果你生活在堪萨斯州，你也许从没有看到过很多的水。你也许认为地球将近四分之三的面积被水覆盖着是难以置信的。因为堪萨斯州离海很远。

如果你生活在大海中的一个小岛上，你也许认为地球有这么多的陆地是难以置信的。

但如果你是一个在高空环绕地球飞行的宇航员，你会看到水域比陆地多。你会亲眼看到陆地和水域是怎样划分的。

你想当宇航员,还有个好方法,就是当看到地球仪时,可以假装自己是一名宇航员。

地球仪是一个圆形的世界地图——比地球还要圆。你看到地球仪上有很多的蓝色,蓝色表示水域,绿色表示陆地。大块的陆地将蓝色的水域分开。它们像一副巨大的拼板玩具。大块的陆地叫大陆,环绕大陆的水域叫海洋。

大陆有自己的名字,海洋也有自己的名字。

你住在哪块大陆?你住的大陆附近是哪些海洋?

即使地球大部分陆地都已经考察完了,你还可以成为一名海底探险家。为了帮助你了解这深邃、幽暗、宁静的海底世界,科学家制造了许多机器,这些机器可以把声音从海底送回来。他们利用这些声音测出海底的深度,而不用到海底去。

但是到海底去也是可能的。

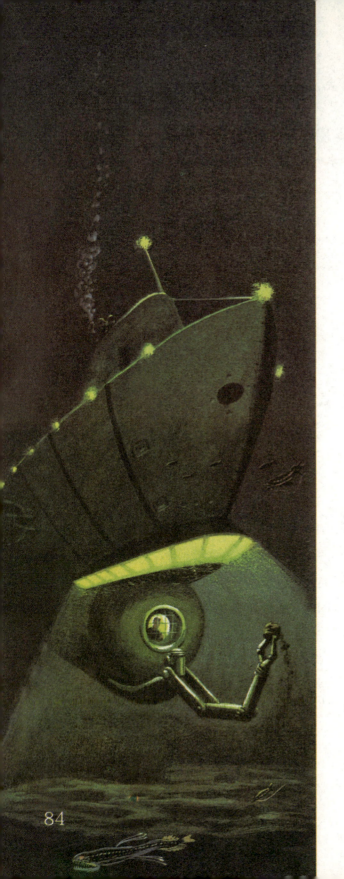

　　人们可以乘坐一种叫潜水器的金属球潜到海底。从它的窗户可以看到鱼类和其他海洋生物。有的潜水器甚至还有门，人可以走出来，通过气瓶呼吸，在海底考察。

　　如果想到更深的海底，可以使用深海潜水器。这是一种特殊的潜艇，它可以到四周行动，考察海底很深的地方。

　　人们过去一直认为海洋底部像游泳池底部一样光滑平坦。但现在我们已了解到海洋底部有平原和沟壑，有山脉和峡谷。有的山脉和峡谷甚至比陆地上的还要高，还要深。每年我们都进行很多海底研究，并且根据研究情况绘制成海底地图。

　　在海底一切看起来都是幽暗和宁静的。在海上海水却从来是活动的。太阳照在海上使海水闪闪发光。它随着海浪的旋转和升起，好像一会儿绿，一会儿蓝似的。海风吹来，使你感到凉爽和清新。海水轻拍海滩和猛击巨大礁石的声音像

　　一曲交响乐那样有趣。当你在海边跑步或冲浪时你可以呼吸到和感觉到新鲜的含盐的空气。

　　因为有海洋,你的生活会过得更好些,无论你在哪里——即使你住在离海很远的地方,而无法在海滩待上一天。海洋可以为你提供食物。海洋好像一条广阔的公路,船用它把有用的和美丽的物品从其他许多国家运来。海水为空气增加湿气,于是空气中形成云,云又变成雨,雨使植物开花生长。

　　如果你喜欢这个故事,你会喜欢第1册的《海底观察员》,第9册的《陆地和水》这两个故事。第7册的《地理:好大的一片陆地》会告诉你大陆的知识。

OCEAN 海洋

不要忘记

哇哦!太好了!——爸妈在打包!
马上要去海边度假啦!
爸爸说:"不用什么都带,
卸掉点东西吧!"

但当我们考虑,
应该带什么东西去度假;
物品实在太多,
我们不能随便丢这丢那。

不要忘记三明治,
不要忘记带地图离家;
还有打毛衣工具,
和游泳帽,不要忘记哦,妈妈!

还有爸爸的望远镜,
既可以观看驶过的船舶
也可以望见
慵懒的海鸥直冲云霄。

不要忘记棒球棒，
安全别针和雨伞；
还有我和艾拉的
救生球——很好玩。

记得太阳镜和急救箱，
罐中的曲奇；
如果要捡石头和贝壳，
还要带上大盒子。

还有下雨时看的书，
晚上穿的毛衣；
一定别忘记驱蚊水，
赶走讨厌的蚊子。

还有爸爸的香烟，
每个人都要的浴巾；
别忘记旧草帽，
不然被太阳直射会很揪心。

不要忘记游泳衣，
也别漏了装茶的水壶哦！
最重要的是别忘记，
我！我！我！

OCEAN 海洋

潮涨潮落

　　你去过海滩吗？你把伞和毛巾放在离海水很近的地方，不时地感到浪花飞溅。

　　然而，几个小时以后当你回家的时候，你会感到伞和毛巾在往回走，海水在往下走。海水好像在收缩，海滩好像在伸长。

这种事是确实存在的：当你到达海滩时，水很高；当你离开海滩时，水却很低了。海水的涨落叫做潮汐。涨潮时水位很高，落潮时水位很低。

潮汐每天涨落两次。或者说大约两次。每天大约一点钟以后涨潮。世界上有的地方涨潮涨得少，其他地方却涨得像房子那样高。如果你用一根短绳在涨潮时把小船系在码头上，6个小时落潮以后小船就会竖起来。

如果你去海滩，最好问问救生员那天涨不涨潮，以防海水把你的伞和毛巾卷走。

你想知道更多关于波浪的知识吗？请看第16册的《水》这个故事。

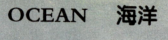

OCEAN 海洋

为什么海水是咸的

如果你喝一口海水，你会发现它是很咸的。

它是怎样变咸的呢？

江河是海盐的搅和机。世界上几乎每一条河最后都注入海洋。当江河流入大海时，使一些土壤变松并带着它一起流入大海。这些土壤由含有多种矿物质的岩石和泥土组成。盐就是这些矿物质中的一种。

你不可能感觉到河水是咸的，因为在任何一段时间内河水都不能带很多的盐。你也不可能感觉到大多数湖的水是咸的，因为一条河只能带很少的盐流进湖里，而另一条河又带着它流出去了。经过数百万年，河流带进海洋的盐分太多了，使海水变得咸起来。

海水是无法喝的，它对植物也不利。我们不能阻止河水把土壤中的盐分带进海里，但我们可以想办法使海水能为人和植物所利用。

科学家正在研制一些机器，把海水中的盐分排出。有些机器效率很高，但花费太大，使我们无法随意使用。因此科学家不断努力寻找一种更便宜的从海水中排出盐分的方法。

你长大后也许会成为从海水中排出盐分的新方法的发明者之一，那比发现一条满载宝物的沉船更有价值。地球上的人和植物比需要黄金和钻石更需要没有盐分的海水。

请看下一页的《神奇的磨》这个故事，了解让海水变盐的另一种方法。

OCEAN 海洋

神奇的磨

从前在北方的乡村里住着两兄弟。一个叫埃里克，他非常富有，但不讨人喜欢；另一个叫尼尔斯，他非常可爱，但很穷，得经常向富哥哥寻求帮助。在一个圣诞节前夕，穷尼尔斯来到他哥哥的住处。

"你好，哥哥，"他说，"你能给我和我的妻子一些吃的吗？我们还没有任何东西作为圣诞夜餐哩。"

"我给你一只火腿，"富哥哥说，"但从此以后你别再指望向我要什么东西了，你最好先去找魔鬼吧。"

你看富哥哥是多么狠心呀！

这样，尼尔斯就拿着火腿往家走。但他又停了下来。他心想："恐怕有一天我还得向哥哥要东西。最好还是照他的话去做，现在就去找魔鬼。我不知道到哪里能找到它。"

尼尔斯走了一整天加大半夜，终于发现了一所亮着灯的小房子。屋外一个白胡子老头儿正在劈柴。

"你知道魔鬼住在哪儿吗？"尼尔斯问。

"就在这儿，"老人小声回答道，然后看着火腿继续说，"你带着火腿进去找魔鬼，他会从你这儿把火腿夺走。为了弄到吃的，他什么事都干得出来。"

"我应该怎么办呢？"穷尼尔斯问道。

"问它要立在门后的小食物磨，"老人低声说，"魔鬼是不允许使用这件东西的，所以它一定会给你的。当它给你后，快到我这儿来。我告诉你怎样使用。"

92

　　尼尔斯按他说的做了,正像老人说的那样,魔鬼向尼尔斯讨火腿。它愿意给尼尔斯任何他想要的东西作为交换。尼尔斯说他想要门后的磨,魔鬼高兴地给了他,并拿走了火腿。

　　尼尔斯带着磨出来找老人。

"这是一个有魔法的磨，"老人说，"它能做出任何你想要的东西来。开始时说一声'磨'，同时拍手，磨就开始转动。你想要它停住时，再拍一下手。"

尼尔斯谢过白胡子老人起身回家。当他到家时已经是深夜了。他的妻子忧伤地坐在空桌前。

"你上哪儿去了？"她问，"今天是圣诞节，你什么吃的也没有拿回来。"

"别急，亲爱的。"穷尼尔斯说着把磨放在桌上。

他拍了一下手，念了一句魔语："磨！"

磨开始转起来，桌上出现了一张台布和闪着圣诞之光的蜡台。然后是食物，多到他们都吃不完。

尼尔斯再拍了一下手，磨就停了下来。"这个小磨将永远为我们服务。"他对妻子说。

从此，尼尔斯和他的妻子再也不挨饿了。他们开始邀请朋友和他们一起吃饭，后来又举行了一次盛大的宴会，请所有他们认识的人都出席。

当然，富哥哥也是客人之一。"告诉我你从哪儿弄到这么多钱，"他说，"仅仅几个星期以前你还求我给一只火腿过圣诞节哩。"

94

"吃完饭我告诉你。"尼尔斯回答道。

但是富哥哥等不及,而且贪心得很。他躲在暗处看弟弟怎样要磨为客人做更多的土豆汤和鲱鱼。等尼尔斯刚离开屋子,贪心的哥哥抱起磨跑了,土豆汤和鲱鱼在他背后撒了一路。

当他回到家时,磨仍在转,他东奔西跑找碗碟,想把所有的食物盛起来。但越来越多的东西不断涌出来,他不会说那句使磨停下来的魔语，不久厨房里到处是汤和鲱鱼，很快鱼汤漫到富哥哥腰部，他猛力推开屋门一路跑到他弟弟家，鲱鱼和汤像洪水一样跟在他后面。

"你看，兄弟！"他说，并指着在他身后围着他涌起的洪水般的鲱鱼和汤，"如果你不止住这个磨，整个村子都要被鲱鱼和土豆汤淹没了！我领教了。把你的磨拿回去吧。我再也不想见到它。"富哥哥说着跑回自己的家。

从那天晚上以后不久，尼尔斯盖起了新农舍。所有的木头和家具都是这个奇妙的磨提供的。

自然，当人们听说这个神秘的磨的消息后，不论远近都来看它。一天一个船长来访，要求看看这个磨。

"它可以磨出盐来吗？"他问。

"当然可以。"尼尔斯回答说。

船长听了后，说他很需要有这个磨。他花费了一生的时间，在风腾浪涌的海上航行正是为了找盐。如果他有了这个磨，他就驾着满载盐的船回家了，并且永远不用再做危险的航行了。

尼尔斯同意把磨借给船长，但船长怕尼尔斯改变主意，不等尼尔斯告诉他磨开动后如何停止就跑出了房子。

"嘿，我的天，"尼尔斯对自己说，"这些人多性急啊！"他耸了耸肩，回去干自己的活去了。

　　船长一回到船上，立即扬帆出海。他把磨放在桌上。"磨盐！"他急不可待地命令道，"快快地磨。"他拍了拍手。

　　磨开始磨起来。盐像山一样堆得高高的，很快船就装满了。船长想让它停下来，但毫无办法。磨继续出盐。盐堆满了甲板，越堆越高，最后船长看到船就要沉没了。他提起磨，使劲把盐推向栏杆旁边，走过去把磨抛入大海。

　　磨沉到了海底，直到今天它还日复一日地磨出盐。

　　这就是海水为什么是咸的的故事。

97

OCEAN 海洋

海草

你在海浪里游泳，突然觉得寒冷。背上有什么黏湿的东西爬动。是一条友好的鱼吗？不是，可能是一种叫海草的植物。这些植物之所以称为海草，因为它们生长在海里，像草生长在陆地一样。

海草不是一种真正的草。草是一种有叶、茎、根和花的植物。海草没有这些，而且只长在水里。

世界许多地方的人都吃海草，有一种叫红皮藻的海草，晾干可

马尾藻
有一个充满空气的小旋钮，就像一个小小的气球，有助于保持植物漂浮。

海棕榈
看起来像树的海草。

海莴苣
不难看出这种海草是如何得名的。

以生吃。有的海草可以磨成粉，制成像面条那样的食品。海莴苣确实可以做色拉。很多种海草煮沸后，可以像菠菜、甜菜或萝卜一样做菜。

晾干的海草可以入药，也可以制成肥料，帮助植物生长。除此之外，也许你想到了，很多鱼类还吃海草哩。

尽管海草使你有寒冷、毛骨悚然和黏湿感，但是它又好看，用处又多。

刚毛藻
看起来像苔藓的海藻。

海带
这种海草就像杰克的魔豆，能长到几英尺长。

大型褐藻
这种海草因其茎上伸出的粗糙破烂的叶片而得名。

OCEAN 海洋

马尾藻海

当哥伦布航行到马尾藻海时,他的水手害怕得喊叫起来:"我们的船就要沉没在这片可怕的海洋里。我们再也回不去了,我们就要死在这里了!"

有人说,这个地方对于船舶来说是一个神秘和危险的陷阱。但它不是。

有人说,它是一个漂浮着的大岛屿。但它不是。

还有人说,它是海洋中的丛林。这也不对。

它就是马尾藻海——北大西洋中的一片地方,这里海水平静,海草丛生。在平静的水面上长满了杂乱的海草。船长们曾担心他们的船会被海草缠住沉到海底。

关于这个奇怪而吓人的地方，以前曾有过许多传说。水手们认为海草下有海怪。

　　现在我们知道了这些传说都没有根据。大多数水手的担心也是没有必要的。

　　在海洋的很多地方，海水像河水一样流动。这种"海河"中有一种叫做湾流。马尾藻海正处在湾流曲线之间的地方，这里的海水平静而温暖。

　　这里的小鱼像海草一样多，敌人不易发现它们。海螺和很多其他的小动物爬在大片大片的杂乱的海生植物上。

　　马尾藻海很大，有大半个美国那么大。

　　这里是一大片海草！

　　如果你喜欢这个故事，请看第14册的《贝壳》这个故事。

OCTOPUS　章鱼

多臂怪物

　　如果你有八只胳膊当腿用,或者有八只腿当胳膊用……
　　如果你的眼睛从你的胳膊或腿顶上长出来……
　　如果你有一个大脑袋,休息时像口袋一样滚动……
　　如果你真的没有脖子……
　　如果你的嘴长在头底下……
　　如果你可以随意变换颜色……
　　如果你生活在海水里,并且能生蛋和放出一种墨水一样的东西使水变混,让任何动物都看不见你……
　　你知道人们会怎样称呼你吗?

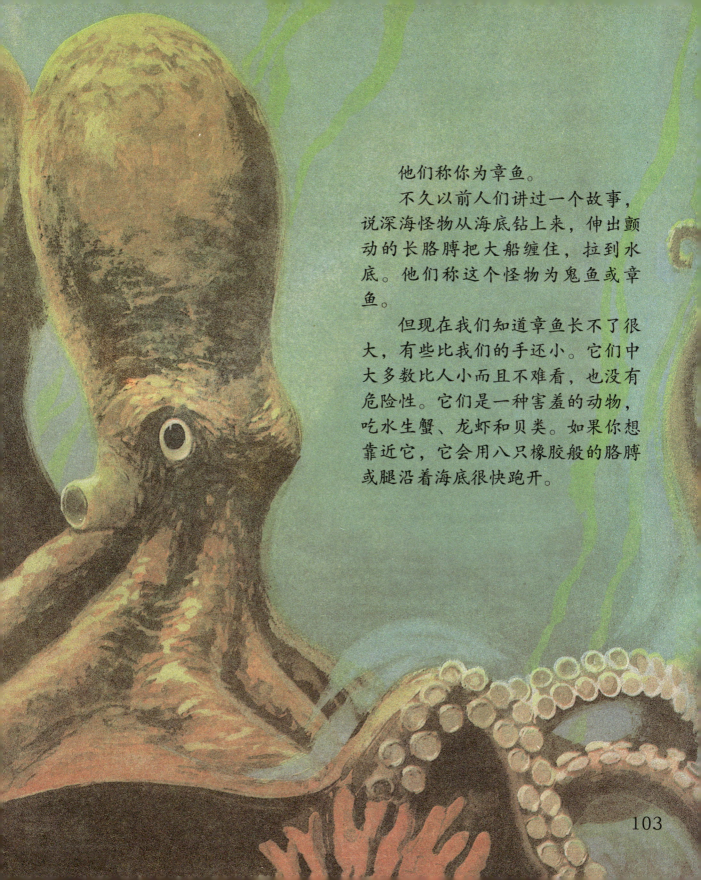

他们称你为章鱼。

不久以前人们讲过一个故事,说深海怪物从海底钻上来,伸出颤动的长胳膊把大船缠住,拉到水底。他们称这个怪物为鬼鱼或章鱼。

但现在我们知道章鱼长不了很大,有些比我们的手还小。它们中大多数比人小而且不难看,也没有危险性。它们是一种害羞的动物,吃水生蟹、龙虾和贝类。如果你想靠近它,它会用八只橡胶般的胳膊或腿沿着海底很快跑开。

章鱼通常单独生活在海底岩石中间。这些地方水不很冷，不很深。有时它甚至用它那长长的胳膊，或者叫触角，来移动岩石为自己做窝。

章鱼能干出比你想象的任何生物所能干的怪事多得多。由于它身体里没有骨头，它可以像橡皮一样将身体伸开。它可以挤扁和卷紧身体通过岩石间的裂缝，然后恢复原状。

在它的八只橡胶般的胳膊下面，有很多小圆吸管或吸筒。它可以用这些吸管在陡峭的岩石上爬行或抓住东西。它们很像橡胶吸筒，你也许在玩具或画框上看到过，用它们可以黏在墙上。

最奇怪的事情之一是章鱼可变换颜色。在绿色的海草中捕食或躲避时，它就变成绿色，这样它的敌人鲨鱼和海鳗就看不到它。如果在一块棕色的岩石附近，它就变成棕色。如果它突然受惊了，全身会溢出许多不同颜色的浪花——粉红色、蓝色、绿色、棕色或灰色。它甚至能改变皮肤的触觉，有时光滑，有时粗糙和凹凸不平。

还有一件事——如果它要逃避敌人，它可以放出一种墨水似的物质把周围的水染黑，以帮助自己逃脱。

你喜欢阅读水下生物的故事吗？请看第4册的《海豚》或第16册的《鲸》。

ODYSSEUS　　奥德修斯

奥德修斯与独眼巨人

很久很久以前，希腊人和特洛伊人之间发生了一场大战。最后希腊人赢得了战争的胜利。

希腊人中最聪明的是伊萨卡岛的国王奥德修斯。他和他的士兵驾着黑色的船回家去，想到又要见到他们的妻子和孩子了，大家心里都十分高兴。但整个世界都好像要阻止他们回家似的。这时狂风大作，人和怪物挡住他们的去路。女巫用罪恶的咒语迷住他们。甚至有的神也反对他们。奥德修斯经过十年的时间才回到家。大家都想听听他的冒险经历，特别是他与可怕的独眼巨人战斗的经历。

故事是这样开始的：奥德修斯和他的士兵在回家路上停歇在一个巨人生活的小岛附近。奥德修斯和十二个人带着食物和一桶甜葡萄酒上了岸。他们进入一个属于独眼巨人的黑暗洞穴，在洞穴里四处察看，等着巨人回来。奥德修斯不仅聪明而且好奇，他想了解陌生的人和查明奇怪的事，甚至不怕牺牲自己的生命。

黄昏，这个个子大、胆子小、头上只有一只眼的巨人赶着一群羊回到了他的洞穴。他把羊赶进洞，然后拿起一块二十人都拿不动的大石头把洞口堵上，奥德修斯和他的士兵都在里面，逃走是不可能了。

这个独眼巨人抓住其中的两个人笑着把他们吃掉并很快地睡着了。奥德修斯开始想："我要不要用我的剑杀死这个沉睡的巨人？"但大石头太大，无法把它推到洞边上，他和士兵如何出去呢？

早晨，独眼巨人吃了不止两个人当早餐，然后移开洞口的石头赶着羊离开洞穴。聪明的奥德修斯趁他走了一会儿的时候，想出了一个计划。在洞里有一根大橄榄树枝。他和他的士兵把它剥光削尖并用火烤硬。

当夜里独眼巨人赶着羊群回到洞里时，他又把洞口堵上，然后又吃了不止两个人。

奥德修斯低声对他的士兵说："现在我们的机会来了。"

他把他带来的酒给了独眼巨人一些。

独眼巨人喝下后说："多好的酒！告诉我你的名字，我要送给你一件礼物。"

奥德修斯回答说："我的名字叫'没人'，人们都那样称呼我，就是'没人'。现在把你答应给的礼物给我吧。"

独眼巨人说："没人，你的礼物就是我要吃掉你。"由于喝过酒，他很快就睡着了。

此时，奥德修斯和他的士兵一起举起事先准备好的那根大尖树枝，齐心协力把它戳入沉睡巨人的眼里，使他成为瞎子。

巨人痛得狂怒起来，到处摸着找奥德修斯和他的士兵。但他们躲在洞穴的角落里。

这个巨人大喊救命，其他巨人都来到了他的洞口处。

"谁要伤害你？"其他巨人大叫道。

"没人。"独眼巨人高声叫道。

"没人？"其他巨人回答道："好，如果没人伤害你，你就不需要我们的帮助了。"

于是他们便离开了。

奥德修斯和他的士兵知道他们得尽快离开这个洞，否则瞎子巨人最后还是会捉住他们。于是奥德修斯想出了一个计谋。他知道早晨羊群可以出洞。一大清早，他把三只羊捆在一起，把一个士兵捆在中间那只羊的下面。每三只捆一个士兵，直到把所有士兵都藏完。奥德修斯把自己捆在羊群中最大一只的肚子下面。

当羊群列队经过洞口时，瞎眼巨人用手摸着羊背，查清羊背上没有人，但他没有想到摸羊的肚子下面。于是所有的人都逃离了险境，回到他们的船上。

奥德修斯不仅聪明和好奇，而且还是一个大演讲家。他对巨人喊道："瞎眼巨人，你已经上我们的当了。你永远也吃不到我们了！"

瞎眼巨人怒火满腔，他用手掰下一块大岩石，朝着声音的方向扔过去，差一点儿把船打翻，但奥德修斯和他的士兵逃脱了。船离开岸边时，奥德修斯朝瞎眼巨人大声喊道：

"瞎眼巨人，有人问你是谁挖去了你的眼睛，告诉他是伊萨卡的国王奥德修斯。再见，瞎眼巨人！"于是奥德修斯起航去进行下一个冒险。

有一天你可能想读关于奥德修斯的整个故事，他经过的危险，神如何帮助或妨碍他历险，经过漫长的航行最后回到家，见到他耐心的妻子珀涅罗珀和年轻的儿子忒勒马科斯，这些全部记载在一本叫《奥德赛》的书里。这些故事是很久以前由一个叫荷马的人第一次讲出来的。很多人认为它是世界上最美好的故事之一。

想知道更多吗？请看第7册的
《希腊》这个故事。

110

OIL 油

输油管道

又稠又黑的原油从油井喷出……汽油灌进你家的汽车里。

汽油正是在油厂里提取的石油制品之一。

但是怎样才能把石油从油井送到炼油厂去呢?

通常是通过很长的地下管道。管道从街道、农田、山脉、沙漠和丛林、北方的冻土层,甚至湖泊和河流下面通过。

什么东西可以使原油从油井通过管道持续地向上向下地流动呢?

泵站可以使原油持续流动。泵站沿着管道修建。它们使原油流动的原理就像你做踢罐游戏一样。

你踢罐子,罐子就滚开……然后放慢,于是你再踢罐子。泵站不断地"踢"着油走。

它是这样工作的：当管道中的油来到泵站后，就把它送进一台机器里。这台机器里有一个像车轮的部件，轮辐的尾部是小杯子。转动着的轮子上的小杯子舀起石油，然后推入管道。

有的石油沿管道各处输入小油库，再装入大储油罐。然后从储油罐送进炼油厂加热。

热油可以分离成很多不同的物质。在一个很高的铁塔下面，重油部分沉了底。这种油有的最后制成用于公路建设的沥青，有的制成机械油和石蜡。在加热塔的上面，煤油和汽油被分离出来。在高塔的顶部，石油的最轻部分——石油气和其他气体经冷却后再收集起来。

地下管道把石油从油井送到全国各地。石油储藏在油罐场的巨大圆形储油罐中。

两条管道的连接处有时发生漏油现象。这时石油公司就派工人去挖开地面，补好管道。

发现管道漏油的有趣方法是派飞机沿线飞行。如果人们在飞机上发现地面、水面有油污，他们就知道漏油的地方可能找到了。为了保持油管内部通畅，工人们将特制的削刮器放入管道。这种削刮器称为"猪仔"，因为当油推着它通过管道时，它发出一种有趣的像猪叫那样的吱吱声。

最初，运送石油是用木桶装在船上、马车上或火车上。那样很不安全，并且浪费很大，因为木桶很容易破裂。

后来的很长时间里，石油一直用铁罐车在铁路上运输。但是现在石油和汽油已进入庞大的地下管道网。运油车在储油罐装满汽油后，运到加油站，在那里汽油流进汽车的油箱。

遇到装满汽油的油箱，请你远离！

OIL 油

油的种类

我们
用它给孩子擦身,
用它做色拉吃,
把它放进锅里做菜,
把它灌进汽车并铺在公路上,

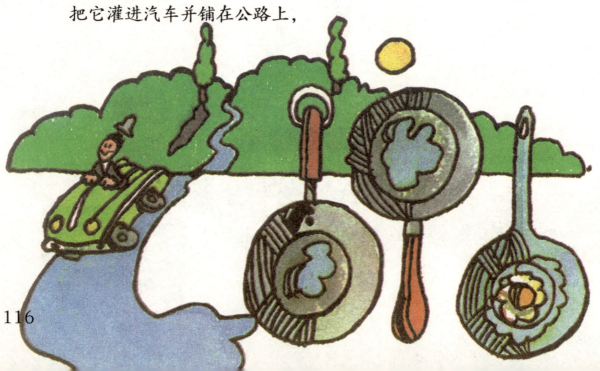

有人
把它倒入水中洗澡,
把它滴到门链上,
把它涂在头发上,
同时把它擦在皮肤上免遭日晒的伤害,它的用途真是多。
你能猜出它是什么吗?

  它是光滑黏稠的油。

  油有很多种。油可以和水一样稀或和蜜一样稠。

  有的油用植物的种子榨取,有的油从动物中提取,特别是从鱼类中提取。这类油我们可以食用。

  另有一种油采自很深的地下。工人在地上钻一个洞把它抽出来,然后用管道把油送到数百公里外的炼油厂。精炼厂从油中提炼出汽油和其他有用的东西。

　　有的油很稠很稠像黄油一样，我们叫它润滑脂。润滑脂使车轮转动灵活，使发动机少发热。

　　有时润滑脂还用于集市和节日举行的竞赛游戏，大人和孩子们竞相捉住一只涂满润滑脂的滑溜溜的猪。

OIL 油

汽车的好朋友

珍妮弗爱开玩笑。一天，当她同她的父母和弟弟乔尔在加油站等待他们的车加油时，她把加油站叫做汽车的饭馆。

"汽车饿了，它就需要饱喝一顿汽油。"她说。

她的爸爸和乔尔笑了起来。然后爸爸解释说，汽车发动机从油箱里得到汽油，每次使车轮转动时都要燃烧小部分汽油。

"加油站也把汽油保存在油罐里，但这个油罐埋在地下。汽油用油罐车送到加油站。"

此时珍妮弗说，有的加油站有汽车医生给有病的汽车看病。

珍妮弗的爸爸解释说,这些汽车医生称为机械师。"机械师知道当汽车跑得不正常时如何修理。"他说。
　　珍妮弗指着一辆在升降台上的红汽车说:
　　"看,那是手术台,医生正在给这辆车打针。"
　　"机械师在干什么?"乔尔问爸爸。
　　"他在给汽车的接头注射润滑油。润滑油是一种很稠的、能使机件转动灵活、持久的油。"
　　"看,"珍妮弗说,"旁边那辆绿车一条腿断了。"
　　升降台把绿车升起来,另一名机械师换下漏了气的轮胎。
　　"看,他们这里全是新车腿。"珍妮弗说着指着要出售的一架子新轮胎。
　　另一名机械师正在从一辆黑车上卸下一个生了锈的旧消音器。这辆车也用升降台升起来。

"外科手术，"珍妮弗说，"这辆车正在割阑尾。"

"那是消音器，"爸爸说，"消音器能控制发动机中排出的噪音气流，在从尾管排出之前，如果消音器上有洞，噪音气流不等消音就排出了。换一个新消音器可以使这辆车重新跑得很轻。"

第一个机械师给红车注完润滑油，他按动墙上的杠杆，升降台很慢地下降，发出巨大的吱吱声。当它降到地面后，机械师把车开下来，停在外边。

接着，他挥手叫珍妮弗的爸爸把车开上升降台。机械师向相反的方向推动杠杆。当升降台把车升到空中时，发出巨大的哗哗声。

机械师把一个盛油器移到发动机下面，然后拧开发动机底部的一个螺母，油涌出来流入盛油器。

"我们的车要输血。"珍妮弗说。

"油能够保持发动机内部少发热，"爸爸解释说，"当油在工作过程中变脏了，就需要换入新的干净的油。"

汽车换入新油，油箱加满汽油，珍妮弗一家人准备走了。当汽车开动时，珍妮弗和乔尔向机械师挥手告别。

"再见，医生。"珍妮弗喊道。

你对车感兴趣吗？请看第1册的
《汽车》这个故事。

OLYMPICS　奥林匹克

著名的竞赛

在希腊这个国家里，在两条小河会合处有一个特别的溪谷。这个溪谷的名字叫做奥林匹亚。山坡上有一小片树林，附近有一个小农庄。

它是一个美丽的溪谷，但是你也许感到奇怪：它有什么特别的？

如果你沿着一条小石路走去，你可能认为这里的一切没有什么不同的。但是如果你坐在一块石头上休息一会儿，你可能注意到它不是一块普通的石头，而是一块已经破碎了的大石柱。你可以看到石头上有缺损和疤痕，而且长满了苔藓，可以肯定，它已经有很久的历史了。

如果你站起来透过树林向周围看，你可以看到一排古老的破石柱还立在那里。你可能会想到在很久很久以前，它们的上面有过屋顶。

它就是举行第一届世界奥林匹克竞赛的那个运动场的屋顶。

有一位叫菲利浦的年轻人，他的家乡雅典选他参加第一届奥林匹克运动会的一项比赛。

菲利浦从雅典到奥林匹亚走了一百多英里。运动员从希腊各地来到奥林匹亚。这些年轻人有的是赛跑运动员，有的是跳高运动员，有的是拳击运动员，有的是摔跤运动员。还有的投标枪、掷铁饼，有的赛两轮马车。胜利者被称为希腊全国最勇敢的人。

在比赛开始前,菲利浦和其他运动员在教练指导下在奥林匹亚大体育馆里练习了几个月。

成千上万的观众住在五颜六色的帐篷里。这里设有货摊卖食物,如橄榄、山羊奶酪、甜蜂蜜糕和清凉饮料。还有货摊卖衣服、珠宝、花瓶、饭锅以及马匹。杂技演员、杂耍演员和魔术演员为欢度节日的人们表演戏法。有的人还表演吞剑和吃火。

菲利浦与其他赛跑运动员等待着起跑的信号,他感到他的心激动得剧烈跳动。奥林匹克竞赛对希腊人来说是一项很重要的活动。每个希腊人都有假期去看比赛。军队甚至停止战斗让战士去观看。

菲利浦一心想赢得比赛的胜利——为了他自己,为了他亲爱的城市雅典,为了宙斯神(希腊人敬神的方法之一,就是以宙斯神的名义举行奥林匹克竞赛)。

比赛开始,人群寂静无声。菲利浦感到他的光脚重重地踏在跑道上,他超过了一个、一个、又一个的比赛者。

最后只有一个比赛者在他前面。这个比赛者保持着领先地位!菲利浦极力回想教练对他的教导，慢慢地，慢慢地，他与前面的运动员接近了。

但比赛就要结束了，他能很快超过这个运动员吗？

他们几乎肩并肩到达终点线，喝彩声和喊叫声响彻天空。菲利浦的朋友和支持者跑进场地，把他举起来抛过头顶。这时菲利浦才知道他胜利了。

菲利浦在宙斯神的大塑像前得到了优胜奖。宙斯是最重要的希腊神，他端坐在象牙和珍贵乌木雕成的宝座上。这尊塑像有房子那么高，它涂上了黄金和白银。宙斯的眼睛镶嵌的是闪光的宝石。

优胜者只奖给一个橄榄树枝做的小花冠。但是这个花冠被认为是宙斯亲自送出的礼物，得到它的人以后就可以得到神的保佑。

第一届奥林匹克运动会于几千年前举行。现在，它每隔四年在不同的地方举行一次。来自世界各地的优秀选手在运动会上进行角逐。除了旧有的运动项目外，还增加了一些新的项目，如篮球、足球、体操、自行车、帆船。冬季运动会包括滑冰和滑雪，在寒冷多雪的国家举行。

如果你喜欢这个故事，请看第7册的《希腊》这个故事。

127

ONE-TO-ONE 一对一
让我们计划一次聚会

我们中有的人知道数数，他们就知道识数的用途。当我们想邀请朋友们来吃饭时，数数可以帮助我们了解准备的甜饼够不够。

我们数一数朋友，然后我们数一数甜饼。如果我们有和朋友相同数量的甜饼，我们就知道甜饼够每人一个。

如果我们的甜饼比朋友多，我们就知道甜饼够分配而且有剩余。但是如果我们的朋友比甜饼多，那就糟糕了，除非把甜饼切开，不然有的朋友将分不到。

识数可以帮助我们知道：

我们有多少朋友，我们有多少甜饼。

怎样才可以每人分一个甜饼。

但是我们不需要认识数字来了解甜饼够不够。我们也不需要知道如何数数。

如果我们太小——不知道如何数数，我们也可以知道甜饼够不够。我们不需要用数字，可以用一对一的方法。

甜饼—朋友，甜饼—朋友，甜饼—朋友，直至一个朋友有一个甜饼。

做个有趣的试验，我们不用数数来准备一个生日舞会吧。

我们需要朋友。

一个朋友一件礼物。

一顶游戏帽子。

当然还有一块生日蛋糕。

我们可以用一对一的方法知道东西是不够或太多,最后直到每人都有一个。

朋友们

每人一件礼物

每人一顶游戏帽子

每人一块生日蛋糕

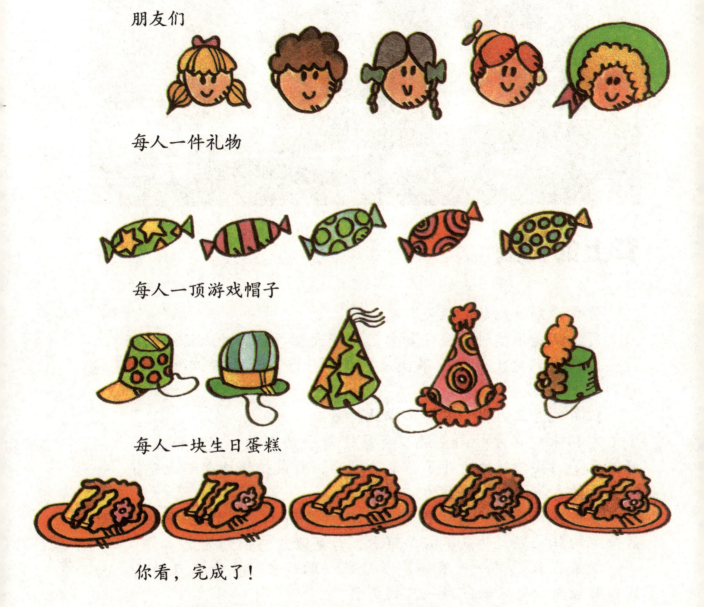

你看,完成了!

你能在《收藏》、《相等》、《线和形》、《测量》、《数字》、《加和减》和《关系》等几个故事中读到其他数学上的第一次探索的故事。

OPOSSUMS 负鼠

背上的负鼠

你曾看到过动物"装死"吗?

负鼠就是用这种办法保护自己免受大猛兽伤害的森林小动物。

兔子遇到危险时,它很快地跳开,土拨鼠藏在深洞里,松鼠则爬到树上。

但负鼠怎么办呢?它却乖乖地待着。

大狗张口露牙扑向负鼠。负鼠愣着一动不动,然后倒在地上,好像死了。狗扫兴地走开了。危险过后,负鼠悄悄地爬起来跑了。

有的人把这种方法称为"装死"。

负鼠刚出生时,身上没有毛,比野蜂还小,它舒适地蜷伏在母鼠身上的肚袋里,幼鼠不需要照看,母鼠带着它们到处走。

幼鼠在肚袋里一点不摇晃。母鼠一胎最多可生十二只幼鼠,全装在肚袋里。每只幼鼠用一只奶头喂。

幼鼠慢慢长大，有小老鼠那么大，在肚袋里的拥挤情况可想而知。过了大约六个星期，该换换环境，到妈妈背上爬爬了。

当母鼠发出一种特殊的叫声，幼鼠开始爬出肚袋。它们用特殊的爪子抓住母鼠那厚厚的银黑色的皮毛，爬到它的背上。

母鼠背着幼鼠，像插在它毛发里的十二朵皮毛花，穿梭跳跃于树木之间，最后急匆匆跳上树。

幼鼠累了，很快滚回肚袋，这是睡觉的好地方。但是，像所有的孩子一样，它们也要长大的，在肚袋里睡或在背上爬就不行了。它们自己将到地上走，而且像大负鼠那样生活。

它们必须在树洞里用树叶造一个窝。

它们必须学会用那又长又有力量的尾巴绕在树枝上，尾巴就像它们的第五只手一样。

它们必须寻找食物，穿行于树丛中找浆果，爬到树上找鸟蛋吃。

有危险时，它们还要使出"装死"的花招，保护自己免受伤害。

ORIOLES　黄鹂

悬巢中的鸟

春天来了，百鸟开始筑巢。

这只鸟在干什么呢？这只雌黄鹂也在筑巢，但这不是一个普通的巢——用泥土、树枝和干草筑在树杈上的小窝。做巢时，雌黄鹂倒挂在很高的树杈上，用嘴衔着一根很长的树枝，用其他树枝或干草编织成一个长袋，长袋能够在风中轻轻摇动。

黄鹂通常把那别致的鸟巢筑在两根树枝会合的地方。这样就有足够的空间让小鸟从顶部进入鸟巢。

在悬巢长长的四边造好以后，雌黄鹂就倒立着张开双翅保持平衡，把头钻进袋形巢里面，编织巢底。

大约需要六天的时间，这种奇异的鸟巢就造好了。

　　你能想到这段时间公黄鹂在干什么吗？可能想不到吧。它让雌黄鹂干全部筑巢的活儿，自己却在树杈上跳过来跳过去，向整个世界展示它那漂亮的橙黄色和黑色的羽毛。

　　但这时也到了它工作的时候了。

　　它爬进新巢，张开翅膀抽打，发出各种声响，使树枝摇颤。它挥动翅膀，使鸟巢展宽成形，留出空间让雌黄鹂下蛋。

雌黄鹂在巢底铺上柔软的地衣和碎草,筑巢工作就全部完成了。

　　小黄鹂孵出来以后,它们就生活在一个安全、温暖的悬巢里。甚至春天的风暴也不能伤害它们。悬巢只是来回地摇动,它们却安睡在里面。

　　黄鹂的巢年年都筑在同一棵树上。如果你在你家附近或公园的树上看到黄鹂的巢,明年春天你还会在那儿看到黄鹂鸟。

ORNAMENTS 装饰品

爆玉米花"雪人"

圣诞节下雪是人们最喜爱的自然景观之一。但你不可能总是过"白色的圣诞节"。所以，学会如何用假的雪来做装饰品是很有意思的。

在任何季节，甚至夏天，只要妈妈和姐姐有时间帮你做一碗爆玉米花，你就可以做成这种装饰品。

你还需要一条线绳或捆扎礼物用的带子。还要一瓶胶水，将其中一部分倒入一个小盘里。

把酥松的爆玉米花一边蘸上胶水，黏在对折线头两厘米的地方。

在第一个玉米花的对面，把另一个玉米花黏在绳子上。

不断黏下去直到黏成约有一个拳头大的球形。

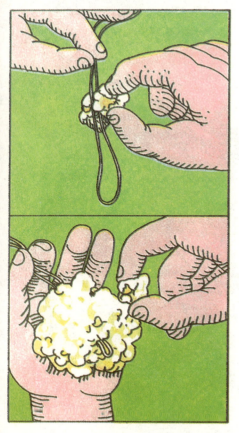

这时可以停几分钟,让黏住"雪球"的胶水晾干。你一边等着,一边做另一个。然后再回来做第一个,增加玉米花,直到做成一个很好的圆雪球。

想做雪人,方法同雪球一样。

你一边等着雪人的头部晾干,一边找下列物品:

一只红图钉——做鼻子。

两只中间贴上毡条的平头钉——做眼睛。

一段两头用大头针钉牢的黑绳——当嘴巴。

四颗完整的丁香花蕾——做纽扣。

这时就开始做雪人的身体,从头部下面几厘米的地方开始。

这样就有更多的空间,把雪人做得胖乎乎的。

雪人晾干以后,轻轻地把眼睛、鼻子和嘴钉上,脸就做成了。

这时就剩下给它取名了,你想给你喜欢的雪人取个什么名呢?

如果可以的话,你可以用糖浆代替胶水来黏住爆玉米花完成你的雪球或雪人。接下来,你知道对这些爆玉米花做什么吗?

OSTRICHES 驼鸟

世界上最大的鸟

假如你从窗户向外看,并且看到了一只有树那么高的鸟,你会感到怎样呢?

你一定会感到惊奇,甚至会害怕。当然,现在已经没有什么很大的鸟了。但是几千年前,确实有许多巨鸟,其中一种鸟非常大,称为象鸟。

　　假如你在窗户外看到一只鸵鸟,你可能感到奇怪,但是不用害怕,鸵鸟通常是十分温和的。

　　今天它是整个世界上最大的鸟了!

鸵鸟很大、很重，翅膀又很短，所以不能飞。但它跑得比任何其他鸟都快——几乎和马一样快。鸵鸟跑时扇动翅膀，帮助加快速度。有时鸵鸟成群成群地在沙漠和草原上漫步。

  人们过去一直认为鸵鸟是一种笨鸟。他们说鸵鸟遇到危险时就把头埋在沙子里。他们说鸵鸟以为它看不见敌人，敌人也就看不见它。

  但是关于鸵鸟的这种说法是不真实的。当它把头埋起来时，它是在寻找浆果和种子吃。

  它用嘴特别是用脚打架。如果鸵鸟生气了，你千万别靠近它。它会像骡子那样踢你！但是如果你对鸵鸟好，它会变得非常温顺，让你骑在它背上到处走。

  如果你想知道更多鸟的知识，请看第2册的《鸟》这个故事。

OTTERS 獭

潜水和游泳的冠军

这只海獭懒洋洋地仰天浮着，在冰海的巨浪里摇晃，好像正在睡懒觉。

　　不对！如果你仔细地观察一下，你会看到这只毛皮兽正努力从蛤壳里攫取美食。

　　这是一种奇怪的吃饭方式，仰天躺着！但是海獭经常是这样。它用前爪当手，用腹部当餐桌！

　　最令人惊奇的是，海獭有时还用石头帮助它索取食物。它是少数能使用工具的动物之一。潜水的海獭潜到海底不只是为了收集蛤类，它还会拾块石头上来把蛤壳砸开。

　　海獭长着大蹼的脚恰恰便于它游水和深入海底。它是游水最快的动物之一。

　　黑夜到来时，这个聪明的捕鱼能手喜欢藏在海岸附近的一些大海草里，这些海草为海獭提供了一个安乐窝，同时也可以帮助它躲避危险的鲨鱼。

也许你会看到一只满脸胡须，身体瘦长、全身闪亮的动物从泥泞的河岸滑进河里，它看起来很像一只海獭，但实际不是。

它是一只水獭，活泼而有趣，它也是讨人喜欢的动物。

水獭也是游泳能手。它知道把树叶和杂草收集起来筑窝。窝不是筑在水中而是筑在地下，在河流或湖泊附近的地道里。

有时水獭的窝筑在树根下面，但无论筑在什么地方，它都能使大小水獭感到温暖和安全。

小水獭刚出生时不会游水。这些小水獭趴在母水獭的背上下水锻炼，直到它们自己也敢下水。这时，它们会潜到水中寻找好吃的东西——鱼类、青蛙、蜗牛和水生贝类。

如果你喜欢读水獭的相关内容，你也会喜欢第14册的《海豹》这个故事。

OWLS　猫头鹰

夜间的猫头鹰

　　猫头鹰是一种夜间飞行的鸟。因为它的飞行柔软，飞起来像一阵形轻风，无声无息。它捕食老鼠、地鼠以及兔子、松鼠和臭鼬等动物。

　　它用长而有力的爪子抓住这些动物。有的猫头鹰一具晚上可吃掉自身重量相等的老鼠和地鼠。

　　猫头鹰有大有小。有的有灭火栓那样大，有的小得很，可以装进口袋。但你千万不要把安装进口袋，不然它会把你抓伤和咬伤。

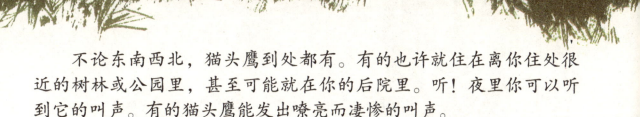

　　不论东南西北，猫头鹰到处都有。有的也许就住在离你住处很近的树林或公园里，甚至可能就在你的后院里。听！夜里你可以听到它的叫声。有的猫头鹰能发出嘹亮而凄惨的叫声。

　　猫头鹰在夜间的视觉比大多数动物都好。它在黄昏和黑夜中猎取食物，白天则躲在树枝上睡觉。

如果你白天发现一只猫头鹰坐在树枝上，你会认为它是假的。它坐在那儿，羽毛也不动，甚至眼睛也不眨。因为猫头鹰的眼睛不能动。

猫头鹰观察四周的唯一方式是转动头部。它的头部几乎可以转一周，它转得很快，你几乎看不出来。

人们认为猫头鹰发出的声音是呜——呜——呜，有的猫头鹰是这样。但也有的猫头鹰还能发出像其他动物的声音。

有的咪咪叫像小猫；

有的汪汪叫像小狗；

有的嘶嘶叫像条蛇。

有时猫头鹰发出的声音把猎物吓呆了，连跑也跑不动。于是猫头鹰就把它们抓住。

有人说猫头鹰聪明。但是现在还没有任何证据说明猫头鹰比其他鸟类聪明。

如果你喜欢这个故事，你会喜欢第2册的《蝙蝠》这个故事。

151

OYSTERS　牡蛎

海底珍宝

　　项链上那闪闪发光的宝石是从一种奇怪的小动物壳里取来的。
　　这种珍宝叫做珍珠。
　　这种动物叫做牡蛎，它生活在很深的海底。

牡蛎内怎样形成美丽的宝石呢?

珍珠开始仅仅是一粒沙子或石头,甚至可能是一小块其他的牡蛎壳。很小的东西不时进入牡蛎壳里,牡蛎受到干扰,于是美丽的珍珠就开始形成了。

如果一粒泥沙吹入你的眼睛,你的眼睛就流出眼泪。泪水流出来很可能把沙粒冲洗掉。

当一粒泥沙进入牡蛎壳里,它不可能冲洗掉。相反,牡蛎体内用一种称作珍珠母的白色闪光物质把进去的沙粒包上一层外衣。

坚硬闪光的物质把进去的沙粒一层一层包起来,这就形成了珍珠。

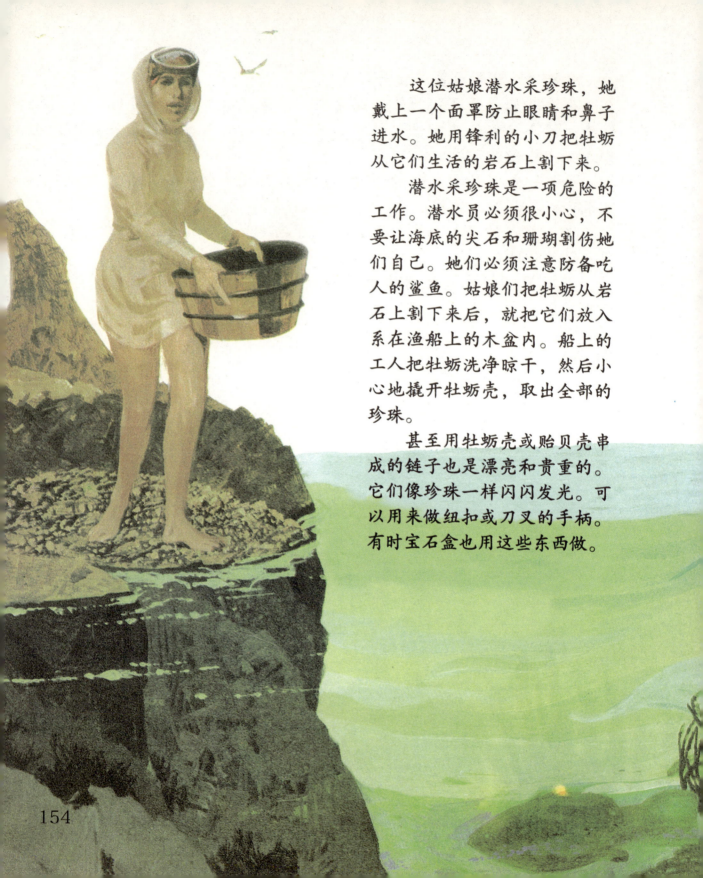

这位姑娘潜水采珍珠,她戴上一个面罩防止眼睛和鼻子进水。她用锋利的小刀把牡蛎从它们生活的岩石上割下来。

潜水采珍珠是一项危险的工作。潜水员必须很小心,不要让海底的尖石和珊瑚割伤她们自己。她们必须注意防备吃人的鲨鱼。姑娘们把牡蛎从岩石上割下来后,就把它们放入系在渔船上的木盆内。船上的工人把牡蛎洗净晾干,然后小心地撬开牡蛎壳,取出全部的珍珠。

甚至用牡蛎壳或贻贝壳串成的链子也是漂亮和贵重的。它们像珍珠一样闪闪发光。可以用来做纽扣或刀叉的手柄。有时宝石盒也用这些东西做。

今天，大多数珍珠是在珍珠田内饲养的。小牡蛎收集起来后，把壳轻轻撬开，放进去一小块珍珠母。把牡蛎放进铁笼，运到海里水温适宜珍珠生长的地方。珍珠长成需要几年时间，养殖人知道什么时候再撬开牡蛎壳把它们取出来。

有的珍珠是假的，它们看起来很像真的，但其实是在工厂制成的。有的从表面看非常逼真，简直分不出真假，但是专家可以分辨得出来。他把珍珠放在牙齿上咬一咬，如果有轻微的发涩感，而且凹凸不平，这颗珍珠就可能是真的，并且值很多钱。有些珍贵的珍珠比一辆小汽车还值钱。

如果你喜欢这个故事，你会想读第14册的《贝壳》和《游泳》这两个故事。